# BESTACTIVITYBOOKS.COM

## Copyright © 2022 LINGUAS CLASSICS

Todos los derechos están reservados. Ninguna parte de este libro puede ser reproducida o utilizada de ninguna manera sin el permiso escrito del titular de los derechos de autor, excepto para el uso de citas en una reseña de libros.

PRIMERA EDICIÓN - 2022

Ilustración Gráfica Extra: www.freepik.com
Gracias a Alekksall, Starline, Pch.vector, Rawpixel.com, Vectorpocket, Dgim-studio, Upklyak, Macrovector, Stockgiu, Pikisuperstar & Freepik.com Designers

Descubra Juegos Gratis Online

Disponibles Aquí:

**BestActivityBooks.com/FREEGAMES**

# 5 CONSEJOS PARA EMPEZAR

## 1) CÓMO RESOLVER LAS SOPA DE LETRAS

Los rompecabezas tienen un formato clásico:

- Las palabras se ocultan sin espacios ni guiones,...
- Orientación: Las palabras pueden escribirse hacia delante, hacia atrás, hacia arriba, hacia abajo o en diagonal (pueden estar invertidas).
- Las palabras pueden superponerse o cruzarse.

## 2) APRENDIZAJE ACTIVO

Junto a cada palabra hay un espacio para anotar la traducción. Para fomentar un aprendizaje activo, un **DICCIONARIO** al final de esta edición te permitirá comprobar y ampliar tus conocimientos. Busca y anota las traducciones, encuéntralas en el puzzle y añádelas a tu vocabulario!

## 3) MARCAR LAS PALABRAS

Puedes inventar tu propio sistema de marcado. ¿Quizás ya usas uno? También puedes, por ejemplo, marcar las palabras difíciles de encontrar con una cruz, las que te gustan con una estrella, las nuevas con un triángulo, las raras con un diamante, etc.

## 4) ESTRUCTURAR EL APRENDIZAJE

Esta edición ofrece un **CUADERNO DE NOTAS** muy práctico al final del libro. En vacaciones, de viaje o en casa, podrás organizar fácilmente tus nuevos conocimientos sin necesidad de un segundo cuaderno!

## 5) ¿HABÉIS TERMINADO TODAS LAS PARRILLAS?

En las últimas páginas de este libro, en la sección **DESAFÍO FINAL**, encontrarás un juego gratis!

¡Rápido y sencillo! Echa un vistazo a nuestra colección de libros de actividades para tu próximo momento de diversión y aprendizaje, ¡a sólo un clic de distancia!

Encuentre su próximo reto en:

BestActivityBooks.com/MiProximoLibro

# En sus marcas, listos, ¡Ya!

¿Sabías que hay unas 7.000 lenguas diferentes en el mundo? Las palabras son preciosas.

Nos encantan los idiomas y hemos trabajado duro para crear libros de la más alta calidad para tí. ¿Nuestros ingredientes?

Una selección de temas adecuados para el aprendizaje, tres buenas porciones de entretenimiento, y luego añadimos una cucharada de palabras difíciles y una pizca de palabras raras. Los servimos con cariño y máxima diversión para que puedas resolver los mejores juegos de palabras y te diviertas aprendiendo!

-------

Tu opinión es esencial. Puedes participar activamente en el éxito de este libro dejándonos un comentario. Nos encantaría saber qué es lo que más le ha gustado de esta edición.

Aquí hay un enlace rápido a tu página de pedidos:

BestBooksActivity.com/Opiniones50

Gracias por tu ayuda y diviértete!

*Todo el equipo*

# 1 - Ajedrez

| | | | | | | | | | | | | | | |
|---|---|---|---|---|---|---|---|---|---|---|---|---|---|---|
| ダ | 魔 | ゲ | び | ム | 品 | パ | 犠 | キ | 真 | ゲ | 法 | キ | ジ | ム |
| ブ | ジ | 読 | ル | ー | ル | 釣 | ク | 牲 | ジ | ハ | 狩 | ン | レ | 喜 |
| シ | ラ | 魔 | 芸 | ゲ | 写 | び | ル | ー | 魔 | 影 | び | グ | ズ | 園 |
| ッ | ャ | ッ | 学 | ぶ | た | め | に | ゼ | み | 撮 | ゲ | 写 | り | ズ |
| パ | ャ | 芸 | ク | ハ | プ | 賢 | い | 白 | キ | ー | 興 | ン | ゲ | リ |
| 陶 | ゼ | 物 | プ | ー | レ | 猟 | ジ | 活 | 一 | 興 | イ | ク | 編 | 喜 |
| シ | 釣 | ジ | ム | 編 | 絵 | 読 | 戦 | ン | レ | 編 | 法 | ダ | キ | ポ |
| 法 | 撮 | ハ | シ | り | ズ | 絵 | 略 | ズ | び | ク | 法 | ラ | り | イ |
| 写 | 写 | ト | ク | ム | 法 | エ | 読 | ゲ | び | チ | 喜 | ル | 撮 | ン |
| び | グ | ン | シ | 書 | ク | ジ | 写 | 園 | イ | ャ | ク | グ | ラ | ト |
| グ | 陶 | メ | プ | ズ | ラ | 狩 | り | ラ | ハ | ン | シ | ラ | 品 | ス |
| プ | シ | ナ | ル | 猟 | 相 | 一 | 撮 | パ | ラ | ピ | 編 | 味 | 味 | テ |
| プ | レ | ー | ヤ | ー | 手 | レ | イ | ラ | ズ | オ | 園 | ラ | レ | ン |
| ル | 撮 | ト | 対 | 女 | 猟 | 活 | 時 | プ | 編 | ン | ャ | 動 | 園 | コ |
| 園 | 味 | 書 | 角 | 王 | ー | レ | り | 間 | キ | 喜 | 撮 | 真 | グ | キ |

学ぶために  
白い  
チャンピオン  
コンテスト  
対角  
戦略  
賢い  
ゲーム  
プレーヤー  
ブラック  

相手  
パッシブ  
ポイント  
ルール  
女王  
キング  
犠牲  
時間  
トーナメント

# 2 - Agua

園魔園ゲ書ズ写パ画波書釣品撮ゲ
真エイハキ真プハ喜シ影ムエプ陶
パ画ャラ法絵雨運河シャズグ氷読猟
リグ味湖ダンゼ芸クワグプ影読魔
度法びびゼゼパジクー撮真物活活
湿っズー物ン興猟釣ラ興びダ読
りびジハ書活園リキイ芸パ絵ル間
イ灌り味エ編ラ川ダン陶パハ芸欠
法漑ゲ魔画ハ芸霜ゼジプ画動蒸泉
活レパ真品ャリライ品撮イ蒸気ジ
雪動ゼ狩り釣釣ケ絵ダ絵影発海
撮ム飲ャゲ園洪一芸シ物品ハ洋
釣リめムび影芸水芸ン真法絵撮動
釣魔るシズ真ゲ狩興園シレャ園プ
撮物芸キ編ルモンスーンイ法写編

| | |
|---|---|
| 運河 | 洪水 |
| シャワー | モンスーン |
| 蒸発 | 海洋 |
| 間欠泉 | 飲める |
| 湿度 | 灌漑 |
| ハリケーン | 蒸気 |
| 湿った | |

# 3 - Arqueología

```
墓 レ ミ イ 分 析 り 専 ハ 遺 不 キ 品 化 石 リ
編 ク ス 骨 芸 写 味 門 物 写 明 プ ゲ イ 喜 時
ム ン テ 狩 み 物 工 家 狩 チ リ イ ジ 喜 時 代
真 ラ リ ダ 釣 エ レ 撮 絵 イ ー 評 ジ ー 代 ズ
書 キ ー パ 寺 陶 研 究 者 陶 教 ム 価 活 ー リ
レ 喜 釣 興 り 読 リ 陶 器 ク 授 レ 活 物 ル ン
プ ラ プ 喜 撮 品 狩 興 び ダ み 編 物 釣 り ム
興 陶 園 写 物 狩 ズ ル 芸 陶 り イ ャ 編 ャ ク
オ 写 工 真 書 み 猟 興 陶 ゲ レ ラ 法 釣 興 活
グ ブ 影 リ 動 ク 狩 ズ ダ り リ イ 釣 真 子 ル
絵 狩 ジ パ 年 陶 品 真 編 ム び 絵 真 興 孫 釣
活 ャ 陶 ェ 魔 喜 編 読 園 園 ハ ン 子 た り 興
文 明 グ 味 ク 読 イ 味 忘 れ ら れ た ラ ー 猟
園 味 興 ル 撮 ト び 猟 び パ 読 ラ グ り
狩 ズ 芸 芸 絵 魔 ラ 物 ン 釣 ャ 狩 動 一
```

| | |
|---|---|
| 分析 | 専門家 |
| 陶器 | 化石 |
| 文明 | 研究者 |
| 子孫 | ミステリー |
| 不明 | オブジェクト |
| チーム | 忘れられた |
| 時代 | 教授 |
| 評価 | 遺物 |

# 4 - Granja #2

| | | | | | | | | | | | | | | |
|---|---|---|---|---|---|---|---|---|---|---|---|---|---|---|
| 活 | 活 | シ | 読 | 釣 | ジ | コ | 納 | 動 | 小 | 活 | 興 | ズ | ー | ル |
| 芸 | 芸 | ャ | 動 | ト | 味 | プ | ー | 屋 | 麦 | 芸 | キ | エ | レ | イ |
| レ | 狩 | 釣 | ク | ラ | ャ | り | 書 | ン | 子 | 羊 | パ | 読 | ー | 活 |
| 芸 | ア | ヒ | ル | ク | ル | ミ | エ | ム | リ | 編 | ク | 撮 | 法 | 画 |
| オ | 活 | ダ | ゲ | タ | ー | ン | 狩 | 農 | 物 | 品 | 動 | 物 | ハ | ー |
| オ | ズ | エ | イ | ー | 牧 | 草 | 地 | 家 | オ | ジ | 羊 | 絵 | 狩 | 活 |
| ム | 法 | ラ | 写 | 物 | 動 | 狩 | 編 | 陶 | ー | 活 | 飼 | 書 | 絵 | レ |
| ギ | レ | 品 | り | み | 書 | ハ | ム | 陶 | チ | リ | い | ル | 法 | 撮 |
| 食 | 真 | イ | 物 | 味 | パ | 真 | レ | 写 | ャ | 味 | 編 | ー | び | ラ |
| プ | べ | 蜂 | の | 巣 | ゼ | 喜 | 喜 | 品 | ー | ャ | 羊 | ラ | み | 読 |
| ジ | び | 物 | 陶 | み | 法 | 編 | 品 | り | ド | ゲ | ャ | マ | 影 | り |
| ラ | ズ | ジ | 読 | 動 | ゲ | 釣 | ゲ | 灌 | ク | ン | ャ | ル | 味 | ジ |
| フ | ル | ー | ツ | 喜 | イ | レ | ー | 漑 | 真 | 喜 | プ | ズ | プ | ジ |
| イ | ラ | エ | ダ | 園 | ハ | 品 | 野 | 菜 | 狩 | 物 | 味 | ゼ | 釣 | 園 |
| 読 | 影 | 読 | び | ダ | リ | 編 | 撮 | 釣 | 動 | キ | 撮 | 喜 | 真 | ゼ |

農家
動物
オオムギ
蜂の巣
食べ物
子羊
フルーツ
納屋
オーチャード
ミルク

ラマ
コーン
羊飼い
アヒル
牧草地
灌漑
トラクター
小麦
野菜

# 5 - La Empresa

| ャ | 喜 | ク | 可 | 読 | 評 | 判 | キ | ク | ス | リ | ラ | 影 | 動 | キ |
|---|---|---|---|---|---|---|---|---|---|---|---|---|---|---|
| イ | り | 芸 | 能 | プ | 動 | り | プ | リ | プ | パ | エ | ー | ン | エ |
| 興 | ハ | ズ | 性 | 物 | 活 | 影 | 書 | エ | 園 | 活 | み | リ | り | ダ |
| 陶 | 読 | エ | 物 | 活 | ダ | 動 | ム | イ | 園 | 写 | グ | キ | ム | ト |
| ク | ハ | プ | 収 | ン | ョ | シ | ー | テ | ン | ゼ | レ | プ | ダ | レ |
| 決 | 定 | ロ | パ | 益 | ジ | り | 活 | ィ | 読 | ゲ | 物 | キ | 味 | ン |
| ビ | ラ | ゼ | 陶 | 進 | ル | 画 | ハ | ブ | 影 | ダ | パ | び | エ | ド |
| ダ | ジ | ラ | グ | 捗 | バ | エ | 業 | プ | キ | び | ン | 写 | レ | 味 |
| 絵 | び | ネ | リ | ソ | ー | ス | 界 | 味 | エ | エ | リ | 魔 | 釣 | ー |
| び | ー | 投 | ス | 陶 | ロ | ャ | ャ | ダ | 書 | 画 | ク | リ | 動 | 単 |
| シ | み | 喜 | 資 | 品 | グ | 釣 | レ | 狩 | 品 | 雇 | 用 | 品 | 質 | 位 |
| ク | ン | ダ | ズ | 猟 | ゼ | 釣 | 品 | 魔 | 編 | シ | パ | 製 | レ | み |
| 興 | 園 | ル | パ | 革 | 新 | 的 | 品 | ン | 書 | 陶 | 陶 | プ | 喜 | み |
| 釣 | 陶 | 活 | り | 読 | ジ | 味 | 狩 | ゲ | シ | レ | 味 | 絵 | ン | び |
| 活 | り | 芸 | 撮 | プ | 猟 | 画 | ャ | イ | ゲ | 猟 | ハ | ー | 釣 | パ |

| | |
|---|---|
| 品質 | 可能性 |
| クリエイティブ | プレゼンテーション |
| 決定 | 製品 |
| 雇用 | プロ |
| グローバル | 進捗 |
| 業界 | リソース |
| 収益 | 評判 |
| 革新的 | リスク |
| 投資 | トレンド |
| ビジネス | 単位 |

# 6 - Mueble

| ク | ゲ | ャ | 芸 | レ | ゲ | イ | ン | ー | 陶 | 読 | 狩 | イ | 活 | ク |
|---|---|---|---|---|---|---|---|---|---|---|---|---|---|---|
| ル | ン | 品 | 真 | み | イ | み | 興 | エ | 法 | リ | 園 | パ | 興 | ッ |
| ア | テ | 画 | 魔 | 喜 | 椅 | り | 読 | グ | 猟 | イ | パ | 陶 | 写 | シ |
| プ | ー | 鏡 | レ | ハ | 子 | 絵 | ジ | 魔 | 活 | プ | ク | 編 | 真 | ョ |
| み | カ | ム | ラ | パ | 真 | 書 | ぜ | び | 絵 | 掛 | け | 布 | 団 | ン |
| 芸 | 影 | 影 | チ | パ | 撮 | べ | 興 | 物 | パ | 活 | 品 | ラ | 布 | レ |
| キ | キ | 活 | 狩 | ェ | ズ | ッ | ソ | ファ | 芸 | パ | 物 | 動 | 書 | |
| グ | ズ | ク | ラ | ン | ア | ド | パ | 興 | エ | ー | 猟 | 魔 | 芸 | 戸 |
| ゼ | ラ | ー | 撮 | 法 | エ | 動 | 喜 | 活 | リ | 活 | リ | 画 | 興 | 棚 |
| ラ | ハ | 読 | 影 | エ | シ | 枕 | 法 | シ | 味 | 書 | ル | 喜 | ハ | 撮 |
| ム | ズ | ズ | 味 | ク | 読 | ャ | ン | ン | 味 | ス | ク | 法 | 編 | |
| グ | 読 | ー | 机 | ズ | キ | グ | ジ | ル | 本 | ド | レ | ッ | サ | ー |
| ン | 釣 | レ | 釣 | 園 | 編 | 撮 | 狩 | 狩 | プ | 棚 | ト | モ | 読 | ズ |
| 影 | り | 狩 | エ | ャ | 編 | ク | び | ベ | ン | チ | ッ | ン | ハ | ル |
| り | 喜 | グ | 編 | 真 | ハ | ー | エ | グ | ラ | ャ | マ | ハ | パ | み |

| | |
|---|---|
| ラグ | 掛け布団 |
| 戸棚 | 本棚 |
| ベンチ | 布団 |
| ベッド | ハンモック |
| クッション | ランプ |
| マットレス | 椅子 |
| カーテン | アームチェア |
| ドレッサー | ソファ |

# 7 - Aviones

| 編 | ラ | 魔 | ズ | 真 | ン | 絵 | 法 | ー | 喜 | ム | み | 園 | ー | 陶 |
|---|---|---|---|---|---|---|---|---|---|---|---|---|---|---|
| ー | プ | ズ | 撮 | 品 | プ | キ | び | 画 | ジ | び | プ | ズ | 釣 | キ |
| 撮 | ン | 絵 | ル | ク | 着 | ロ | 画 | 影 | 園 | 喜 | 写 | み | ラ | 品 |
| ゲ | 狩 | 品 | 陶 | ラ | 陸 | 法 | ペ | ー | 水 | バ | ル | ー | ン | ー |
| エ | み | ダ | ズ | ン | ジ | 写 | 釣 | ラ | 素 | 乱 | 流 | 活 | キ | ジ |
| グ | ン | 園 | レ | ジ | 画 | 画 | 絵 | ハ | 絵 | 園 | ラ | ゲ | 陶 | 品 |
| グ | ズ | ジ | パ | イ | ロ | ッ | ト | 味 | グ | イ | 絵 | 芸 | 品 | ラ |
| 真 | ダ | 読 | パ | 気 | 囲 | 雰 | び | 喜 | 園 | ク | 味 | 園 | 撮 | ン |
| り | レ | 度 | 高 | 空 | ジ | 真 | 影 | ク | 味 | 猟 | み | ゼ | ラ | ハ |
| ダ | ャ | 法 | パ | さ | 撮 | 燃 | 料 | ル | ダ | 活 | ジ | 園 | 狩 | ャ |
| 狩 | ル | ハ | 建 | 喜 | ル | 読 | 動 | ー | 画 | ル | 設 | 計 | 物 | レ |
| 動 | 書 | 画 | 設 | グ | 歴 | 喜 | 味 | リ | ダ | 魔 | 品 | ゼ | ゲ | ゼ |
| び | エ | ラ | 法 | 影 | 史 | 喜 | 味 | 喜 | ム | 絵 | シ | 芸 | ゲ | 旅 |
| ク | 魔 | レ | 編 | ゲ | ャ | パ | 法 | 動 | 撮 | 芸 | 味 | 冒 | 険 | 客 |
| 狩 | 味 | 絵 | エ | パ | ル | 狩 | 物 | ハ | ゼ | 方 | 向 | 写 | リ | 園 |

空気
高度
高さ
着陸
雰囲気
冒険
燃料
建設
方向
設計

バルーン
プロペラ
水素
歴史
エンジン
旅客
パイロット
クルー
乱流

# 8 - Tipos de Cabello

| | | | | | | | | | | | | | | |
|---|---|---|---|---|---|---|---|---|---|---|---|---|---|---|
| 厚 | プ | 絵 | 釣 | 陶 | ラ | イ | 物 | 芸 | カ | 画 | び | 撮 | 動 | 読 |
| い | 短 | 芸 | 喜 | 法 | ド | ン | ロ | ブ | ー | 品 | ャ | 興 | 一 | 編 |
| ズ | ー | び | 猟 | ダ | 真 | グ | 釣 | ラ | リ | 芸 | イ | 影 | 画 | 組 |
| 物 | 魔 | ズ | 動 | 写 | レ | ジ | ゲ | ッ | ー | グ | プ | ダ | リ | プ |
| ゲ | キ | 影 | 影 | パ | 絵 | 書 | 薄 | ク | 園 | レ | 動 | ャ | グ | 影 |
| ル | び | 書 | シ | 芸 | 釣 | 活 | グ | い | 頭 | ー | 動 | キ | 猟 | グ |
| ゲ | 影 | リ | 魔 | 猟 | 芸 | シ | 三 | 法 | 皮 | 禿 | ニ | 銀 | イ | 写 |
| 芸 | エ | ラ | 味 | 猟 | 味 | 味 | つ | 園 | 法 | 味 | 園 | イ | ン | エ |
| 読 | 絵 | ム | エ | 味 | パ | ダ | 絵 | 編 | ャ | グ | 味 | ラ | ャ | 猟 |
| ャ | 真 | り | リ | ル | ズ | ジ | み | ム | 芸 | 絵 | 撮 | ド | 釣 | シ |
| 絵 | パ | 味 | 影 | 絵 | イ | ク | 読 | ソ | フ | ト | シ | レ | 動 | ラ |
| ン | ゼ | ハ | 狩 | 撮 | 有 | 色 | 魔 | 読 | レ | 狩 | 動 | ハ | 影 | ダ |
| 猟 | 影 | 絵 | 影 | 真 | 動 | 茶 | シ | リ | ャ | 編 | 活 | 写 | 書 | イ |
| パ | 白 | 元 | 気 | 魔 | 魔 | シ | 味 | 画 | ー | パ | 読 | 狩 | エ | ジ |
| み | 影 | い | エ | ズ | 魔 | 狩 | 真 | み | カ | ー | ル | ダ | 絵 | ゲ |

| | |
|---|---|
| 白い | ブラック |
| シャイニー | カーリー |
| 頭皮 | カール |
| 有色 | ブロンド |
| 短い | 元気 |
| 薄い | ドライ |
| グレー | ソフト |
| 厚い | 編組 |
| 茶色 | 三つ編み |

# 9 - Ciencia Ficción

```
読 狩 写 び 動 ク ン 未 シ 世 界 興 写 ル 編
虚 写 園 素 晴 ら し い 来 ナ 魔 芸 味 ロ ジ
数 編 ジ 園 レ 技 術 遠 物 的 リ 編 陶 ボ イ
イ リ ュ ー ジ ョ ン 惑 星 銀 河 オ 現 ッ 爆
神 秘 的 な 画 キ ズ ユ 読 シ 品 魔 実 ト 発
芸 ル 書 書 イ ム ゲ ー 活 絵 ネ レ 的 編 ン
園 編 書 味 ゼ 編 影 ト 興 園 リ マ 書 絵 真
ゲ リ 物 園 ム リ シ ピ ジ 編 グ ム 籍 パ 興
写 真 芸 釣 味 リ 喜 ア ャ 興 芸 魔 味 エ キ
ー 陶 写 グ ダ ダ エ レ 味 オ ラ ク ル び リ
絵 撮 ム 書 物 プ 芸 ン 動 り 喜 ジ 品 ル 活
読 絵 ズ 影 リ 火 読 品 ル 読 興 び 活 芸 ジ
り プ ダ ム ム パ エ イ エ 書 動 興 ハ 芸 影
み 編 編 園 ダ ー 編 撮 真 ル 動 興 読 猟 狩
ア ト ミ ッ ク 撮 ン 活 興 真 エ レ グ パ 動
```

アトミック
シネマ
遠い
シナリオ
爆発
素晴らしい
未来的
銀河
イリュージョン
虚数

書籍
神秘的な
世界
オラクル
惑星
現実的
ロボット
技術
ユートピア

# 10 - Granja #1

```
興 芸 興 プ ャ カ ラ ス イ 犬 シ 撮 味 ジ 物
蜂 蜜 リ ム 喜 ゲ 味 影 陶 読 び 絵 興 写 ク ル
物 芸 び シ 芸 ャ み ロ シ ズ 園 読 芸 ジ ラ
活 グ 書 品 ズ イ 写 バ プ 狩 パ 園 ラ ャ
釣 編 プ 活 狩 味 物 書 ジ ゼ 馬 レ イ ー グ
ゃ ゼ 水 書 エ 読 読 陶 法 書 興 魔 釣 土 ク
興 キ 園 ハ チ フ ィ ー ル ド 影 陶 レ 地 ク
ー グ 読 写 味 ゲ ン 法 書 魔 狩 ム 園 牛
活 プ 編 絵 ン ル シ ェ フ キ び 魔 ジ 法 興 園
エ グ 種 子 ン ル シ レ び 肥 料 魔 り 興 ふ
撮 真 活 興 び レ キ ゼ 活 ズ 蜂 農 業 猫 く
書 読 興 リ ズ 撮 釣 ゃ 影 ー 真 魔 味 編 ら
ヘ ズ ダ ダ イ ゲ び 陶 ル 活 グ ハ 味 品 は
写 イ 興 影 ヤ 魔 ジ 喜 品 グ ム ジ リ 園 ぎ
ズ 編 シ 米 真 ギ 動 動 プ 編 ラ ラ ム パ
```

| | |
|---|---|
| 農業 | 蜂蜜 |
| ロバ | チキン |
| ヤギ | 種子 |
| フィールド | ふくらはぎ |
| カラス | 土地 |
| 肥料 | フェンス |
| ヘイ | |

# 11 - Camping

読 ャ ク シ 品 芸 ン ズ 法 法 ハ シ 物 品 活
冒 ル ゼ ー 森 ル ダ プ ゲ イ シ ゼ ー ゲ 撮
険 グ イ ゲ ク レ 書 活 ー 影 味 昆 ダ 物 動
ン ク 陶 釣 動 猟 ル 猟 狩 リ 画 イ 虫 み り
リ ッ 物 法 山 真 グ ル ズ ー レ 火 シ 木 ー
ラ モ 狩 法 絵 工 絵 プ 味 陶 り 品 狩 猟 活
ト ン テ ス 品 芸 品 編 猟 ズ ゲ ー 真 読 狩
り ハ タ パ ク ロ ー プ 動 物 帽 狩 写 動 シ
ー 真 画 ン 編 読 ヌ リ ジ パ 子 品 り 喜 パ
品 釣 シ コ ン リ カ 地 図 園 味 編 撮 ハ ゼ
動 グ 編 狩 活 ム 自 然 画 真 クャ グ び レ
編 味 り ダ ジ 写 グ 物 編 味 み キャ ビ ン
魔 品 品 動 ャ 品 月 味 味 リ 撮 法 グ 園 味
レ 猟 編 物 び 影 リ 興 絵 レ イ ャ り リ キ
陶 狩 味 撮 ク パ び エ 湖 絵 絵 喜 物 影 ル

| | |
|---|---|
| 動物 | ロープ |
| 冒険 | ハンモック |
| コンパス | 昆虫 |
| キャビン | ランタン |
| カヌー | 地図 |
| テント | 自然 |
| 狩猟 | 帽子 |

# 12 - Fruta

| プ | グ | リ | 味 | シ | 陶 | 絵 | 物 | グ | ル | 釣 | み | ベ | ル | ク |
|---|---|---|---|---|---|---|---|---|---|---|---|---|---|---|
| ル | グ | ア | バ | ラ | 芸 | 狩 | び | 喜 | ト | ッ | コ | リ | プ | ア |
| 芸 | 画 | リ | 猟 | ル | 興 | パ | 読 | 物 | ク | 絵 | ー | ー | ッ | 喜 |
| パ | パ | イ | ナ | ッ | プ | ル | 葡 | 萄 | び | 狩 | 編 | 活 | ア | 園 |
| プ | パ | ハ | 編 | 園 | プ | 園 | グ | オ | レ | ン | ジ | 梨 | 品 | キ |
| プ | プ | イ | 書 | ャ | キ | ャ | 釣 | ン | 法 | モ | エ | び | ャ | 活 |
| イ | シ | ウ | ヤ | ア | ン | レ | ジ | 編 | 味 | レ | 撮 | 編 | ー | リ |
| 影 | ー | キ | イ | 釣 | ボ | 喜 | レ | 物 | ダ | 絵 | 狩 | 写 | 喜 | 法 |
| 書 | ジ | 釣 | マ | 味 | 真 | カ | 喜 | ネ | ー | ダ | ゲ | ン | コ | ク |
| 釣 | 釣 | み | ン | メ | ロ | ン | ド | 喜 | ク | 真 | 写 | り | コ | レ |
| 喜 | ゼ | り | ゴ | 写 | ラ | ズ | ベ | リ | ー | タ | 法 | ナ | ナ | バ |
| 活 | ゲ | ャ | ー | チ | ェ | リ | ー | 魔 | レ | ハ | リ | レ | ッ | 写 |
| 猟 | 猟 | 桃 | 絵 | ゼ | グ | ゼ | 活 | 真 | ゼ | 写 | 猟 | ン | ツ | グ |
| 猟 | ゼ | 味 | 動 | 喜 | 味 | ク | 陶 | 陶 | 活 | 法 | ジ | 読 | 魔 | 味 |
| イ | 真 | 真 | 魔 | 書 | 味 | 釣 | び | パ | ル | 喜 | 猟 | 写 | 釣 | ル |

| | |
|---|---|
| アボカド | マンゴー |
| アプリコット | アップル |
| ベリー | メロン |
| チェリー | オレンジ |
| ココナッツ | ネクタリン |
| ラズベリー | パパイヤ |
| グアバ | パイナップル |
| キウイ | バナナ |
| レモン | 葡萄 |

# 13 - Geología

| | | | | | | | | | | | | | | |
|---|---|---|---|---|---|---|---|---|---|---|---|---|---|---|
| 活 | ジ | 園 | イ | ジ | ム | 編 | パ | イ | 品 | 地 | 猟 | 洞 | み | び |
| 猟 | 編 | ハ | 釣 | 興 | ラ | 読 | ン | 石 | シ | 震 | 撮 | 窟 | 狩 | リ |
| 芸 | 書 | 撮 | ゲ | 影 | ジ | り | ミ | 乳 | 筍 | 大 | 陸 | 真 | ル | シ |
| ハ | ゲ | 釣 | ル | ダ | リ | ゲ | ネ | 鍾 | 動 | パ | 間 | 園 | ハ | ム |
| 動 | リ | 火 | 山 | シ | 撮 | ル | ラ | 結 | イ | 欠 | 釣 | 影 | 影 | ル |
| リ | 味 | 狩 | 狩 | 喜 | 味 | 絵 | ル | 塩 | ジ | 晶 | 泉 | エ | び | コ |
| ラ | ダ | プ | ャ | ゼ | ジ | 真 | ク | 影 | 品 | 書 | キ | み | び | ー |
| 読 | び | ン | 活 | 真 | キ | ゲ | レ | 興 | み | ハ | 喜 | 狩 | 喜 | ラ |
| カ | 陶 | び | 園 | シ | ダ | レ | 石 | イ | パ | び | エ | 撮 | 釣 | ル |
| ル | 編 | 猟 | 編 | 物 | ク | 侵 | 英 | ル | 化 | ラ | 魔 | 物 | 層 | ゼ |
| シ | イ | 法 | 読 | 陶 | 味 | 食 | ム | 撮 | レ | 石 | 酸 | 画 | ダ | 芸 |
| ウ | リ | パ | ラ | パ | 画 | ズ | ク | ハ | キ | 溶 | ゼ | 書 | グ | 猟 |
| ム | 編 | ズ | ャ | 書 | 物 | 編 | パ | び | シ | 岩 | 芸 | ハ | 真 | ー |
| ン | ャ | キ | ン | ダ | 味 | み | プ | レ | 法 | 物 | 撮 | 高 | 原 | り |
| 動 | ゼ | シ | 味 | ゼ | 味 | 園 | イ | ジ | 絵 | り | パ | 動 | エ | 園 |

| | |
|---|---|
| カルシウム | 石筍 |
| 洞窟 | 化石 |
| 大陸 | 間欠泉 |
| コーラル | 溶岩 |
| 結晶 | 高原 |
| 石英 | ミネラル |
| 侵食 | 地震 |
| 鍾乳石 | 火山 |

# 14 - Álgebra

| ク | シ | 物 | ャ | マ | 品 | 影 | び | シ | 活 | 偽 | 画 | 猟 | 品 | ル |
|---|---|---|---|---|---|---|---|---|---|---|---|---|---|---|
| 図 | び | リ | キ | イ | ト | 変 | ン | 減 | 真 | ハ | 絵 | 喜 | レ | ゼ |
| 読 | ラ | 園 | 式 | パ | み | リ | 数 | パ | 算 | 読 | ハ | ル | 撮 | 編 |
| 指 | ゼ | パ | 編 | み | パ | 絵 | ッ | 釣 | 味 | ク | ハ | ハ | 編 | 釣 |
| 数 | ロ | 真 | 味 | 法 | リ | ハ | 解 | ク | 絵 | 写 | プ | エ | 絵 | 物 |
| 分 | 品 | グ | 園 | ク | 写 | 品 | 決 | び | ス | ャ | ゲ | 陶 | 番 | 号 |
| 釣 | プ | 編 | ル | 釣 | キ | 陶 | エ | パ | エ | ジ | ム | 絵 | 絵 | ー |
| 括 | 弧 | 書 | 読 | 味 | 真 | 工 | 魔 | ー | エ | ク | ム | 物 | り | り |
| 喜 | 喜 | ジ | ー | 品 | 芸 | 狩 | 線 | 園 | プ | キ | 陶 | 魔 | 物 | リ |
| ム | 量 | 興 | ク | パ | レ | 真 | 形 | 法 | 喜 | り | ゲ | ー | 陶 | 味 |
| ラ | ラ | 物 | 編 | 写 | 撮 | パ | 因 | 単 | 純 | 化 | 園 | グ | 動 | レ |
| グ | 芸 | 編 | ダ | ラ | 喜 | パ | 子 | 無 | 限 | 園 | プ | ラ | ジ | 写 |
| ゼ | 画 | ゼ | 編 | ゼ | レ | 問 | 題 | 法 | ゼ | 興 | 釣 | フ | ゼ | キ |
| 法 | 方 | 程 | 式 | 味 | 狩 | 物 | み | イ | ル | 撮 | み | ー | 読 | 写 |
| 絵 | キ | 味 | 写 | ゼ | 興 | ラ | ダ | み | び | ク | グ | 物 | ゼ | 真 |

ゼロ
方程式
指数
因子
分数
グラフ
無限
線形

マトリックス
番号
括弧
問題
減算
単純化
解決
変数

| シ | ー | ゲ | 葉 | 書 | レ | 陶 | グ | ズ | 編 | 生 | 植 | 根 | 画 | 活 |
|---|---|---|---|---|---|---|---|---|---|---|---|---|---|---|
| 絵 | イ | 活 | ハ | 絵 | 画 | ク | 真 | 狩 | ル | ン | 物 | ク | ハ | り |
| 動 | 真 | 書 | グ | 法 | プ | 興 | ル | ン | 園 | び | 学 | 品 | ゲ | ー |
| ラ | ー | ム | 陶 | び | 動 | 興 | 狩 | 編 | 釣 | 書 | 釣 | パ | 活 | 絵 |
| 撮 | 陶 | 園 | 弁 | 花 | リ | 魔 | み | ハ | ー | ジ | ル | 物 | 編 | び |
| ー | 法 | ジ | 猟 | 園 | 法 | 喜 | ン | 森 | 編 | ク | 苔 | 竹 | 芸 | ム |
| パ | ジ | フ | ロ | ー | ラ | 庭 | 品 | 法 | ー | 園 | 釣 | 猟 | 品 | ー |
| シ | 狩 | 釣 | 画 | 喜 | み | ゼ | 撮 | グ | シ | 味 | 絵 | ン | 読 | 絵 |
| 狩 | 読 | 品 | シ | 物 | ダ | 芸 | 太 | ダ | 物 | 豆 | び | リ | ダ | 画 |
| グ | 興 | 釣 | 草 | ベ | リ | ー | ャ | 陽 | ジ | ゼ | ハ | エ | サ | エ |
| 画 | ズ | グ | ン | 喜 | 真 | リ | ズ | 芸 | 味 | ゲ | ク | 書 | ボ | 興 |
| ン | シ | 法 | 陶 | ン | ダ | 真 | 読 | ズ | ー | ゲ | 興 | 肥 | テ | 影 |
| ラ | ブ | ッ | シ | ュ | 狩 | ャ | プ | 味 | 味 | 釣 | ダ | 料 | ン | ー |
| ク | 猟 | 狩 | 木 | 狩 | り | 写 | 法 | 蔦 | 狩 | 読 | 写 | ム | 活 | 品 |
| ズ | ク | ル | り | ラ | 狩 | び | ゼ | リ | 喜 | り | ラ | ク | イ | ャ |

ブッシュ　　　　　　　　フローラ
ベリー　　　　　　　　　花弁
植物学　　　　　　　　　太陽
サボテン　　　　　　　　植生
肥料

# 16 - Suministros de Arte

```
イ エ ダ ブ パ ハ 法 猟 喜 写 猟 ム 真 創 画
ン パ 法 ラ 味 び 活 興 グ 味 画 画 造 ク 法
ク 読 ム シ び ハ 編 ル リ 写 書 ン 性 品 興
鉛 み ず み エ 芸 グ の 写 椅 子 品 み パ ス
読 筆 み 味 ラ 絵 影 編 絵 み 味 書 狩 ア テ
ル 味 り 絵 園 エ レ 影 り ア ゲ ズ ア 書 ル
喜 真 画 彩 水 活 ク イ グ 味 ゲ シ 物 陶 ゼ
ゼ 喜 イ 猟 魔 プ レ ダ パ リ 塗 料 エ 油 ゼ
ゼ キ ダ 編 動 ダ 絵 リ 釣 写 料 ン ズ み ー
ー 編 ハ グ ダ パ 品 キ み カ ャ 魔 エ 芸 イ
テ ー ブ ル キ 色 釣 レ 園 メ リ み 編 真 釣
ル 狩 消 ダ り 喜 び ム ラ ン 魔 キ 粘 ラ ム
狩 喜 ャ し レ イ 園 ン 猟 書 キ 書 土 品 ク
興 影 ハ ゴ 釣 活 絵 芸 動 ゲ ャ 興 編 ラ レ
イ 紙 動 ム パ グ 味 物 園 物 ジ 興 編 品 ム
```

| | |
|---|---|
| アクリル | アイデア |
| 水彩画 | 鉛筆 |
| 粘土 | テーブル |
| 消しゴム | パステル |
| イーゼル | のり |
| カメラ | 塗料 |
| ブラシ | 椅子 |
| 創造性 | インク |

# 17 - Negocio

```
書 キ 撮 イ 撮 狩 プ 法 ダ イ み り 真 物 び
シ レ 動 エ 場 ー グ 味 読 園 販 リ プ 釣 品
費 用 び 魔 ム リ 活 狩 シ ダ 売 真 び ク ン
釣 物 イ 猟 会 法 び ン 真 品 ラ キ ク ー
読 パ 活 絵 パ 社 り 興 シ ゲ 動 ル 味 編 ズ
味 ム ャ イ ジ リ ャ 画 ン 狩 撮 絵 ゲ エ 興
ジ 画 り ラ 画 物 イ 品 ャ ゼ 絵 魔 動 グ ハ
学 ジ 陶 真 ラ ジ 園 陶 割 編 狩 動 グ ダ 撮
済 レ 書 芸 ゼ り 通 影 雇 引 投 税 金 写 ム
経 歴 物 み ズ り 貨 ャ 用 取 資 エ ゼ 狩 ラ
ゲ キ イ 画 仕 事 パ ジ 者 ラ ム 物 金 お ン
猟 芸 ズ リ イ ム 画 ジ 店 芸 パ 画 融 ゲ グ
物 動 動 ジ ル 法 編 品 陶 ャ 味 写 従 ダ 商
予 算 喜 キ 撮 り ダ オ フ ィ ス 魔 真 業 品
絵 シ 品 真 ジ 狩 ラ ハ 物 ズ 魔 釣 ゼ 喜 員
```

| | |
|---|---|
| 経歴 | 税金 |
| 費用 | 投資 |
| 割引 | 商品 |
| お金 | 通貨 |
| 経済学 | オフィス |
| 従業員 | 予算 |
| 雇用者 | 仕事 |
| 会社 | 取引 |
| 工場 | 販売 |
| 金融 | |

# 18 - Jardín

| 猟 | リ | 品 | 動 | ゲ | 狩 | 影 | ャ | ハ | 芸 | ー | 土 | パ | 興 | ゲ |
|---|---|---|---|---|---|---|---|---|---|---|---|---|---|---|
| 芸 | 影 | 狩 | 猟 | り | ム | ズ | 読 | 釣 | 編 | ク | ラ | 絵 | ク | ル |
| 動 | ジ | 法 | 活 | 園 | ル | 興 | 狩 | 物 | テ | ラ | ス | ン | ェ | フ |
| 撮 | パ | シ | チ | ン | ベ | 興 | 絵 | 魔 | 興 | ジ | ー | レ | ガ | 味 |
| 撮 | ル | オ | ー | チ | ャ | ー | ド | 庭 | 法 | 釣 | ホ | 芸 | ャ | び |
| イ | 編 | シ | ポ | 芝 | シ | レ | 絵 | 熊 | 手 | 絵 | キ | 園 | 喜 | び |
| ダ | 園 | み | 写 | パ | 生 | ン | ズ | 真 | 品 | 画 | 法 | ャ | ル | 品 |
| グ | び | 動 | シ | 池 | ャ | 活 | 画 | 真 | ク | 喜 | ダ | 興 | 芸 | 読 |
| 喜 | 読 | 画 | 狩 | 狩 | 画 | 猟 | グ | リ | 喜 | リ | 喜 | 喜 | み | ラ |
| 園 | エ | ム | 法 | キ | ゲ | ル | 法 | 雑 | パ | ゲ | 影 | プ | 興 | ハ |
| 影 | 興 | ム | リ | ク | ラ | ゲ | ゼ | 草 | 品 | 魔 | 品 | 真 | 活 | ル |
| シ | ゲ | 釣 | ブ | シ | 陶 | 影 | ジ | 魔 | ル | パ | ン | レ | リ | シ |
| ル | 陶 | 画 | ク | ッ | モ | ン | ハ | 物 | ク | ズ | エ | り | 物 | ズ |
| パ | ジ | 草 | 法 | 園 | シ | ト | ラ | ン | ポ | リ | ン | 花 | ゼ | 撮 |
| 猟 | ゲ | ゲ | ゼ | イ | 編 | ュ | 動 | 編 | ク | 真 | び | 木 | 陶 | 魔 |

| | |
|---|---|
| ブッシュ | ホース |
| ベンチ | シャベル |
| 芝生 | ポーチ |
| ガレージ | 熊手 |
| ハンモック | テラス |
| オーチャード | トランポリン |
| 雑草 | フェンス |

# 19 - Países #2

| | | | | | | | | | | | | | |
|---|---|---|---|---|---|---|---|---|---|---|---|---|---|
| 画 | 味 | シ | ゼ | エ | ウ | ク | ラ | イ | ナ | ア | オ | イ | パ | ラ |
| 物 | ハ | 芸 | ム | チ | 喜 | 法 | 動 | ダ | み | イ | ー | ン | キ | 絵 |
| シ | リ | ア | 書 | オ | ポ | ル | ト | ガ | ル | ル | ス | ド | ス | 陶 |
| 芸 | 陶 | ハ | 編 | ピ | 影 | 読 | ゲ | シ | ャ | ラ | ト | ネ | タ | 品 |
| ギ | リ | シ | ャ | ア | ニ | バ | ル | ア | レ | ン | ラ | シ | ン | ー |
| 読 | 絵 | び | 編 | シ | 真 | 園 | イ | ー | キ | ド | リ | ア | ジ | ジ |
| フ | ラ | ン | ス | ロ | ー | ャ | 猟 | 真 | ー | 陶 | ア | 園 | 影 | 園 |
| オ | 絵 | ゼ | ダ | ム | 猟 | 園 | 真 | 書 | 魔 | 書 | 影 | ル | 園 | び |
| メ | ー | び | 興 | ー | ジ | ャ | マ | イ | カ | デ | ン | マ | ー | ク |
| キ | プ | ス | ズ | 編 | ス | 日 | 本 | 興 | エ | グ | 物 | ン | 物 | 編 |
| シ | キ | ラ | ト | 狩 | ゲ | 芸 | ゼ | ン | 画 | イ | ダ | 画 | 書 | ゲ |
| コ | ム | オ | 陶 | リ | 活 | 猟 | び | ウ | イ | り | 真 | シ | 編 | グ |
| ク | ジ | ス | 味 | ジ | ア | 読 | ジ | ガ | 陶 | プ | 書 | び | リ | ゲ |
| 釣 | レ | 猟 | リ | 絵 | エ | ラ | ジ | ン | 陶 | レ | び | 興 | ハ | 興 |
| 写 | 猟 | 陶 | 喜 | パ | 釣 | み | 品 | ダ | ー | 物 | 味 | 興 | び | び |

アルバニア　　　　　　　　日本
オーストラリア　　　　　　ラオス
オーストリア　　　　　　　メキシコ
デンマーク　　　　　　　　パキスタン
エチオピア　　　　　　　　ポルトガル
フランス　　　　　　　　　ロシア
ギリシャ　　　　　　　　　シリア
インドネシア　　　　　　　スーダン
アイルランド　　　　　　　ウクライナ
ジャマイカ　　　　　　　　ウガンダ

# 20 - Números

| 釣 | み | み | ム | ル | パ | び | シ | 猟 | ゼ | 読 | セ | ム | ン | 写 |
| 書 | 物 | 興 | ダ | ャ | ム | 法 | 品 | 猟 | ロ | イ | シ | ブ | 書 | 法 |
| 影 | ャ | み | 品 | グ | 芸 | ハ | パ | 画 | 絵 | 物 | ー | シ | ン | ラ |
| 釣 | 真 | パ | 十 | 四 | 魔 | 十 | ル | ジ | 写 | 影 | 猟 | リ | ィ | ャ |
| ン | 写 | エ | ニ | リ | び | プ | ゲ | 狩 | ダ | ャ | 撮 | 画 | ィ | 釣 |
| 魔 | 品 | 画 | ル | シ | 書 | 書 | ル | パ | ハ | ム | 興 | 法 | テ | び |
| 十 | 園 | ゲ | ラ | ゼ | ジ | ジ | 九 | プ | エ | 猟 | ダ | 六 | ン | 書 |
| 九 | ル | 物 | 十 | グ | 読 | 動 | 読 | み | キ | み | 活 | 絵 | ブ | 書 |
| パ | み | 物 | 六 | 活 | 品 | グ | り | パ | 猟 | エ | ゲ | ラ | セ | 陶 |
| 釣 | ャ | 陶 | ャ | エ | 猟 | 撮 | 猟 | ク | ム | ム | 絵 | ゼ | び | 編 |
| パ | イ | ン | 十 | び | 写 | ハ | プ | 猟 | キ | レ | 書 | 書 | 芸 | ハ |
| 小 | 狩 | 写 | シ | ハ | ゲ | 影 | 撮 | び | ハ | ゼ | 園 | み | リ | 猟 |
| 数 | ル | エ | 三 | ダ | ム | ダ | 狩 | 喜 | 活 | 動 | ン | 編 | シ | 真 |
| 芸 | 魔 | ン | 十 | 十 | 興 | グ | み | レ | ャ | 編 | 絵 | プ | シ | シ |
| ニ | 十 | キ | 写 | 五 | イ | 狩 | 写 | グ | 影 | ラ | グ | 釣 | ズ | 五 |

| | |
|---|---|
| 十四 | セブンティーン |
| ゼロ | 十二 |
| 小数 | 十五 |
| 十九 | セブン |
| 十八 | 十三 |
| 十六 | ニ十 |

# 21 - Física

| | | | | | | | | | | | | | | |
|---|---|---|---|---|---|---|---|---|---|---|---|---|---|---|
| み | エ | 芸 | 画 | エ | ズ | ン | ユ | グ | 相 | 動 | ゲ | 撮 | 活 | イ |
| ル | プ | ム | 物 | 編 | み | シ | ニ | 編 | 猟 | 対 | ゲ | 影 | 物 | 周 |
| 法 | エ | 猟 | プ | ム | キ | 芸 | バ | ゲ | ン | 動 | 性 | 味 | ジ | 波 |
| 釣 | グ | 真 | 写 | 興 | 力 | 学 | ー | ズ | イ | 加 | シ | 理 | 式 | 数 |
| ク | ゼ | ル | 品 | 書 | 園 | パ | サ | 画 | エ | 速 | 喜 | 磁 | 論 | ン |
| ズ | ハ | 陶 | み | 絵 | 法 | 陶 | ル | 画 | グ | レ | 粒 | 気 | 写 | ゲ |
| パ | 魔 | 撮 | り | グ | び | 混 | 編 | キ | ジ | 核 | 子 | 分 | 読 | 編 |
| ジ | 法 | ゲ | グ | ダ | ゼ | 沌 | シ | 興 | 陶 | り | 原 | ラ | 法 | ダ |
| 陶 | 真 | ャ | ャ | ー | 工 | 芸 | 絵 | グ | 絵 | 動 | レ | 芸 | ャ | 物 |
| 化 | 学 | 薬 | 品 | ル | 法 | 撮 | 興 | ク | 読 | み | 読 | ー | 園 | リ |
| 画 | 動 | ン | 物 | 活 | 読 | 質 | 量 | 電 | 子 | エ | ク | み | 芸 | み |
| 撮 | 猟 | 写 | イ | 真 | ル | ー | ク | り | 画 | ン | ャ | 書 | 絵 | 魔 |
| 味 | 物 | 猟 | 画 | ー | ジ | パ | 真 | 重 | 画 | ジ | イ | ガ | 味 | 陶 |
| 密 | 物 | 写 | 絵 | 芸 | ジ | ジ | 書 | 力 | 動 | ン | プ | エ | ス | キ |
| キ | 度 | 速 | シ | 活 | ダ | リ | キ | 写 | ズ | 影 | ム | 興 | キ | 猟 |

| | |
|---|---|
| 加速 | 質量 |
| 原子 | 力学 |
| 混沌 | 分子 |
| 密度 | エンジン |
| 電子 | 粒子 |
| 周波数 | 化学薬品 |
| ガス | 相対性理論 |
| 重力 | ユニバーサル |
| 磁気 | 速度 |

# 22 - Belleza

| エ | レ | ガ | ン | ト | は | さ | み | ム | シ | ゲ | ズ | カ | ー | ル |
|---|---|---|---|---|---|---|---|---|---|---|---|---|---|---|
| 喜 | ム | エ | 釣 | ズ | 編 | ゼ | 法 | 鏡 | ャ | ク | グ | 陶 | イ | エ |
| フ | ダ | ズ | 編 | ー | マ | ス | カ | ラ | ン | 園 | ル | プ | 味 | 陶 |
| ル | ォ | 釣 | 喜 | リ | ン | 園 | ー | 物 | プ | 味 | グ | エ | プ | 喜 |
| り | ン | ト | ム | パ | ゲ | ム | ル | グ | ー | ジ | 動 | ズ | レ | 魔 |
| 物 | み | 真 | ジ | キ | 興 | ダ | ム | 法 | 興 | 読 | 興 | リ | 狩 | み |
| ゲ | イ | 影 | 読 | ェ | グ | ャ | イ | 物 | 狩 | 色 | ゼ | 物 | 粧 | 化 |
| 撮 | 肌 | サ | 魔 | ニ | 釣 | 品 | 影 | ン | ス | 編 | パ | 喜 | ル | 粧 |
| 香 | り | ー | パ | 猟 | 影 | ッ | ラ | 影 | 芸 | タ | び | 品 | 影 | 品 |
| 読 | 読 | ビ | ロ | 紅 | 撮 | 物 | ク | パ | ズ | イ | エ | 画 | 真 | 製 |
| 芸 | ゼ | ス | プ | 撮 | 興 | リ | 猟 | 撮 | 撮 | リ | 品 | シ | プ | 絵 |
| ズ | 書 | び | 編 | レ | り | 陶 | り | ゲ | 釣 | ス | 撮 | 画 | ン | ク |
| 絵 | 活 | キ | キ | 狩 | 動 | ゼ | ゲ | ム | パ | ト | オ | 優 | ラ | 動 |
| パ | 興 | 動 | ハ | ジ | 編 | 陶 | 動 | ク | 魅 | カ | イ | 雅 | 狩 | 画 |
| グ | み | キ | 猟 | 猟 | 読 | シ | 読 | 魔 | び | 釣 | ル | | | |

オイル  香り
シャンプー  化粧
化粧品  口紅
優雅  製品
エレガント  カール
魅力  マスカラ
スタイリスト  サービス
フォトジェニック  はさみ

# 23 - Países #1

猟 動 ド ラ ゼ シ 編 ベ エ リ 釣 絵 ジ 品 プ
陶 物 イ ャ 読 ズ ム ネ ク ビ 撮 ジ プ 活 興
ゲ ク ツ 書 喜 ク 味 ズ ア ア ハ ラ 画 真 モ
エ パ 写 絵 真 真 レ エ ド ン ラ ー ポ 品 ロ
ジ ナ ー ゼ イ グ 絵 ラ ノ ル ウ ェ ー 品 ッ
プ マ ャ シ レ 書 イ 真 園 影 芸 ル リ ギ コ
ト 活 ホ ゼ 写 ク ャ 猟 物 ン チ ン ゼ ル ア
マ リ 喜 ン ピ リ ィ フ グ カ 法 編 園 ベ イ
書 ド ン イ ジ ー エ グ ニ 芸 ナ ハ 魔 写 影
び シ イ 真 タ ュ ー ル カ み ダ 動 品 み
ズ 喜 ペ 法 撮 リ ラ 活 ラ 影 ル イ 魔 ゼ シ
活 み ス ズ 芸 活 ス グ ジ 陶 プ ジ 撮 法
ダ グ エ 興 グ 撮 ジ 活 ア 動 ダ 猟 ゼ 編 猟
グ ジ 芸 法 動 み 品 ャ 影 喜 画 ル エ ル 園
品 リ レ び ジ 物 ハ 物 み ム ブ ラ ジ ル

| | |
|---|---|
| ドイツ | インド |
| アルゼンチン | イタリア |
| ベルギー | リビア |
| ブラジル | マリ |
| カナダ | モロッコ |
| エクアドル | ニカラグア |
| エジプト | ノルウェー |
| スペイン | パナマ |
| フィリピン | ポーランド |
| ホンジュラス | ベネズエラ |

# 24 - Mitología

| み | 真 | 物 | 復 | ゼ | 天 | 芸 | 撮 | ク | 芸 | 読 | 芸 | 原 | ラ | ゲ |
|---|---|---|---|---|---|---|---|---|---|---|---|---|---|---|
| ク | 法 | モ | 讐 | ズ | 喜 | 国 | ラ | ビ | リ | ン | ス | 味 | 型 | ジ |
| 画 | ク | ン | 狩 | 作 | 猟 | 魔 | キ | ダ | び | ゃ | 伝 | プ | り | 味 |
| 陶 | 撮 | ス | グ | 成 | 雷 | リ | リ | 陶 | シ | パ | 説 | 嫉 | 妬 | プ |
| 園 | ル | タ | ー | モ | ル | ヒ | 画 | 読 | ラ | び | 書 | 絵 | ゃ | レ |
| 陶 | シ | ー | ク | み | ン | ー | ズ | ン | 稲 | ン | 編 | 影 | ム | 画 |
| ル | ズ | ハ | 活 | 品 | ゃ | ロ | 動 | 真 | 妻 | 写 | 生 | き | 物 | 物 |
| 絵 | 味 | 戦 | 文 | ゲ | プ | ー | 影 | 信 | 念 | 物 | 絵 | 不 | グ | り |
| 陶 | ゼ | 士 | 化 | み | エ | グ | エ | 品 | エ | ャ | ズ | 死 | 動 | 写 |
| キ | 影 | 写 | 活 | パ | 味 | リ | ジ | ズ | 魔 | ム | 読 | レ | 行 | 物 |
| 興 | シ | ゼン | 編 | 狩 | 釣 | 猟 | ダ | 強 | 画 | ゲ | 画 | 陶 | 動 |
| ズ | ゼ | 書 | ク | ル | 絵 | ズ | ジ | 真 | さ | ジ | ン | リ | ャ | 撮 |
| 法 | 猟 | 編 | 法 | 絵 | レ | 写 | 写 | ラ | 品 | ゼ | 災 | ー | ジ | 狩 |
| レ | 物 | 動 | 画 | 芸 | ム | ン | ジ | ラ | 絵 | 興 | 害 | ダ | 真 | ラ |
| 撮 | 魔 | 読 | 芸 | 狩 | 写 | 魔 | 活 | 写 | 動 | 絵 | ン | イ | 陶 | キ |

| | |
|---|---|
| 原型 | 戦士 |
| 嫉妬 | ヒーロー |
| 天国 | 不死 |
| 行動 | ラビリンス |
| 作成 | 伝説 |
| 信念 | モンスター |
| 生き物 | モータル |
| 文化 | 稲妻 |
| 災害 | 復讐 |
| 強さ | |

# 25 - Ecología

活 真 画 ズ グ ゲ み ボ ラ 真 ズ 自 プ リ シ
グ 真 ム プ ジ 園 レ ラ 書 ゼ レ 然 ク ソ プ
ゲ 絵 イ 味 ゼ プ 法 ン ナ 絵 活 ゲ 活 ー ゼ
エ 動 動 物 相 芸 ー テ リ チ 喜 気 陶 ス ゲ
持 続 可 能 生 植 物 ィ ハ 法 ュ 候 釣 影 狩
ズ 編 シ ラ ラ 品 イ ア 生 影 シ ラ 物 み レ
生 読 キ グ ク 魔 ダ 狩 シ 存 ー ー ル ラ 写
息 園 リ マ ロ レ ダ グ ゼ ダ マ ロ 猟 法 写
地 絵 ハ リ 絵 ー キ 陶 レ ハ 写 フ キ プ ジ
ダ ジ 興 ン 物 コ バ 狩 ル び 編 プ ラ イ ゲ
ャ 書 ラ 活 ミ 画 ル 多 様 性 ク ゼ ク 陶
ル ル 品 シ 活 ュ ズ 動 び 撮 品 ズ ン 芸 ー
ン 法 び 旱 プ ニ ハ ラ 編 撮 グ ャ 種 ジ ク
ダ 法 ハ 魃 動 テ ン 山 陶 法 ン 真 魔 園 ダ
ル ク 味 り ダ ィ ダ 興 ク 書 レ ル ム ル ズ

| | |
|---|---|
| 気候 | 自然 |
| コミュニティ | マーシュ |
| 多様性 | 植物 |
| 動物相 | リソース |
| フローラ | 旱魃 |
| グローバル | 持続可能 |
| 生息地 | 生存 |
| マリン | 植生 |
| ナチュラル | ボランティア |

# 26 - Casa

| | | | | | | | | | | | | | | |
|---|---|---|---|---|---|---|---|---|---|---|---|---|---|---|
| 興 | ゲ | ゲ | 撮 | 撮 | リ | ズ | 園 | 書 | り | り | レ | パ | ャ | ガ |
| パ | 喜 | 魔 | 物 | エ | フ | 陶 | 芸 | 影 | ラ | 物 | ム | 屋 | ゼ | レ |
| ジ | ダ | ル | 絵 | 園 | ダ | ェ | ハ | イ | 喜 | 撮 | ダ | 品 | 根 | ー |
| 撮 | み | 芸 | ム | 影 | イ | プ | ン | ラ | パ | ズ | ル | ー | 品 | ジ |
| ン | 釣 | ク | 陶 | 猟 | ゲ | 写 | チ | ス | 園 | 撮 | ハ | 影 | ゲ | 法 |
| 味 | シ | リ | ャ | 品 | ハ | り | ッ | ン | 物 | 狩 | び | 魔 | ク | 喜 |
| 活 | み | 撮 | 編 | プ | 釣 | 活 | キ | 影 | ハ | ハ | ャ | リ | ン | ャ |
| 図 | 書 | 館 | ム | 猟 | 庭 | び | シ | ゼ | シ | 味 | ズ | 編 | 興 | 影 |
| 暖 | 炉 | 絵 | 興 | 地 | 窓 | キ | ャ | プ | み | ズ | 芸 | 編 | 味 | 編 |
| 写 | ズ | 活 | ル | 下 | 法 | キ | ワ | 法 | 撮 | ズ | 編 | ゼ | グ | り |
| シ | 真 | ン | ラ | グ | 屋 | 鏡 | ー | ド | 法 | び | ハ | 壁 | 興 | ラ |
| 興 | キ | ゼ | ズ | 法 | シ | 根 | 書 | ア | シ | 物 | シ | 物 | 狩 | レ |
| ム | 味 | 猟 | リ | ー | エ | ル | 裏 | プ | 絵 | ラ | 物 | 影 | ハ | エ |
| び | 床 | 園 | 狩 | 寝 | 室 | 品 | ム | ロ | 活 | レ | 影 | ダ | び | 動 |
| 活 | 活 | パ | 真 | 味 | り | 釣 | イ | ほ | う | き | パ | 真 | ル | シ |

| | |
|---|---|
| ラグ | ガレージ |
| 屋根裏 | 蛇口 |
| 図書館 | ランプ |
| 暖炉 | ドア |
| キッチン | 地下 |
| 寝室 | 屋根 |
| シャワー | フェンス |
| ほうき | |

# 27 - Artes Visuales

| | | | | | | | | | | | | | |
|---|---|---|---|---|---|---|---|---|---|---|---|---|---|
| ル | パ | シ | 活 | ャ | 法 | 読 | 書 | 釣 | ジ | ク | イ | り | 撮 | パ |
| ル | ラ | ズ | 写 | ャ | ズ | 魔 | 画 | ゼ | 園 | エ | ー | ン | ム | ー |
| ン | ジ | 喜 | ャ | 狩 | 動 | 撮 | 粘 | 映 | ダ | 動 | ゼ | 味 | キ | ス |
| ア | ー | テ | ィ | ス | ト | 動 | 土 | 画 | 炭 | ズ | ル | 動 | り | ペ |
| 画 | 動 | 書 | パ | 動 | 動 | 写 | パ | 絵 | ラ | 影 | シ | 味 | ズ | ク |
| 真 | 猟 | ル | 狩 | 構 | 成 | ャ | 書 | 真 | み | チ | ン | り | プ | テ |
| 品 | 芸 | リ | 写 | ペ | み | 編 | パ | 狩 | 喜 | ョ | テ | 絵 | ダ | ィ |
| ワ | 建 | 築 | 真 | ン | パ | ゲ | ゼ | ラ | 興 | ー | ス | ー | ャ | ブ |
| ニ | ゲ | ハ | 喜 | ズ | ゲ | リ | 品 | 活 | 影 | ク | 創 | 芸 | キ | ゼ |
| ス | 鉛 | 筆 | 陶 | プ | 興 | 彫 | 活 | レ | パ | 撮 | 書 | 造 | 興 | 味 |
| ル | 園 | 芸 | ン | り | 動 | ハ | 刻 | 興 | 書 | ク | 真 | ズ | 性 | ハ |
| ポ | ー | ト | レ | ー | ト | 芸 | 味 | グ | 読 | シ | 撮 | 編 | 影 | 画 |
| 園 | 喜 | み | プ | ー | ゲ | ハ | プ | 真 | 狩 | 傑 | レ | パ | み | イ |
| 画 | ダ | 法 | 芸 | ジ | ワ | ッ | ク | ス | り | シ | 作 | ン | グ | り |
| 真 | ー | 味 | ゲ | ラ | 編 | エ | ラ | 真 | エ | ゼ | 園 | み | 品 | 写 |

粘土
建築
アーティスト
ワニス
イーゼル
ワックス
構成
創造性
彫刻
写真

鉛筆
傑作
映画
パースペクティブ
絵画
ステンシル
ペン
ポートレート
チョーク

# 28 - Salud y Bienestar #2

| プ | 遺 | ビ | 栄 | プ | ー | ー | レ | 狩 | プ | レ | 活 | ン | ル | ャ |
|---|---|---|---|---|---|---|---|---|---|---|---|---|---|---|
| プ | 伝 | タ | ハ | 養 | ク | ズ | 法 | キ | 味 | 活 | 興 | 陶 | 陶 | ク |
| レ | 学 | ミ | び | ル | ム | ズ | 法 | 回 | ラ | エ | ャ | り | 写 | プ |
| リ | レ | ン | ク | み | 物 | グ | リ | 復 | ラ | ダ | レ | エ | プ | プ |
| プ | 猟 | 真 | 絵 | 読 | レ | ク | ゼ | ム | 撮 | 影 | 物 | 影 | 絵 | 芸 |
| 猟 | 書 | 書 | キ | プ | 釣 | 書 | 気 | ャ | ダ | イ | エ | ッ | ト | ャ |
| 陶 | 興 | 書 | ル | 品 | 動 | 園 | 病 | シ | 写 | シ | び | ハ | 書 | 釣 |
| 釣 | 興 | ゲ | 写 | 物 | パ | 品 | び | 院 | 喜 | 重 | 書 | ン | 猟 | 動 |
| ゲ | 元 | 気 | 編 | 感 | ャ | パ | 品 | ハ | 絵 | さ | 解 | み | イ | 画 |
| ス | ト | レ | ス | プ | 染 | 喜 | ゲ | 園 | み | ル | 剖 | 編 | ズ | 影 |
| 食 | 欲 | カ | 物 | 法 | 魔 | レ | び | 消 | 化 | 物 | 学 | ー | シ | ル |
| ー | 写 | ロ | ゼ | 影 | 撮 | 活 | キ | 写 | 法 | ハ | ジ | 活 | グ | 撮 |
| ル | 喜 | リ | 品 | リ | シ | 猟 | 絵 | リ | グ | 衛 | 生 | キ | ー | 読 |
| ハ | 画 | ー | ギ | ル | ネ | エ | 血 | ラ | グ | ア | レ | ル | ギ | ー |
| 釣 | ズ | 芸 | 喜 | 品 | 写 | マ | ッ | サ | ー | ジ | 画 | ー | キ | ゲ |

アレルギー      衛生
解剖学      病院
食欲      感染
カロリー      マッサージ
ダイエット      栄養
消化      重さ
エネルギー      回復
病気      元気
ストレス      ビタミン
遺伝学

# 29 - Selva Tropical

| | | | | | | | | | | | | | |
|---|---|---|---|---|---|---|---|---|---|---|---|---|---|
| コ | ダ | 撮 | ャ | 狩 | ダ | ク | 影 | 写 | 絵 | 法 | 哺 | 物 | ズ | 狩 |
| プ | ミ | ン | 真 | ン | ジ | 先 | ラ | ゼ | 影 | ル | 乳 | イ | 写 | 園 |
| グ | 園 | ュ | ジ | ゲ | 気 | 住 | み | 品 | 自 | 然 | 類 | ン | ャ | 画 |
| ル | ダ | ゼ | ニ | ル | 候 | 民 | ク | ン | ハ | 品 | ハ | 芸 | ン | ゲ |
| 避 | 陶 | 園 | ハ | テ | ャ | 族 | 復 | ル | 画 | 興 | イ | 興 | ー | ゲ |
| 難 | 園 | キ | ラ | ジ | ィ | 芸 | 元 | ハ | 陶 | 狩 | 興 | 喜 | 撮 | シ |
| 読 | 撮 | シ | 法 | ル | ジ | 貴 | レ | 興 | グ | ジ | ャ | 陶 | 活 | 多 |
| ジ | 種 | ダ | シ | 絵 | 編 | 重 | ジ | 法 | ダ | 編 | 読 | 魔 | パ | 様 |
| 動 | ャ | 興 | シ | 喜 | グ | 真 | 両 | ジ | み | 園 | 陶 | 編 | ー | 性 |
| 法 | キ | ン | 魔 | パ | 読 | ル | 苔 | 生 | ャ | 影 | ゼ | び | ジ | ラ |
| 尊 | 工 | 興 | グ | リ | ル | 陶 | み | 真 | 類 | ゼ | 陶 | ハ | 魔 | 園 |
| 敬 | 植 | 物 | ム | ル | び | ダ | み | 活 | 編 | 撮 | ル | 写 | 書 | 活 |
| 生 | 猟 | ゼ | パ | ゲ | 絵 | び | ズ | パ | ダ | 読 | り | 魔 | 喜 | 喜 |
| 存 | 撮 | 虫 | イ | ズ | イ | 編 | 雲 | ダ | シ | 鳥 | 狩 | シ | 猟 | ン |
| 保 | 絵 | み | 影 | 興 | キ | 真 | シ | 釣 | 猟 | 興 | 読 | り | ダ | キ |

両生類　　　　　　　　保存
植物　　　　　　　　　避難
気候　　　　　　　　　尊敬
コミュニティ　　　　　復元
多様性　　　　　　　　ジャングル
先住民族　　　　　　　生存
哺乳類　　　　　　　　貴重
自然

# 30 - Colores

```
撮 ハ 芸 画 読 ハ プ レ 写 真 フ ム ー ム み
読 写 ハ キ ダ 撮 品 品 陶 猟 ク ャ 絵 味 ハ
ク ダ 絵 ゲ 絵 シ 陶 芸 ラ ー シ 画 ム 猟 ク
ブ バ イ オ レ ッ ト 興 興 ゼ ア み プ ハ 動
ラ グ ジ ジ 活 レ 猟 工 釣 写 ピ 魔 シ 書 キ
ッ 真 レ ジ 興 ャ 動 画 ハ プ 真 セ 影 キ プ
ク 園 ズ ー り ダ 真 法 猟 編 み 紺 碧 プ 撮
園 園 魔 法 撮 品 ャ レ 読 シ 真 狩 猟 撮 真
ム ゼ イ ラ ル ゼ ゼ リ 茶 紫 パ み 法 真 イ
マ ゼ ン タ ピ ン ク 赤 色 ラ パ 魔 シ イ ン
ン 写 ゾ ア 喜 緑 ー ダ イ パ 味 キ パ ン ジ
パ 編 ム ー シ リ 園 み ズ シ 味 絵 み ジ ゴ
陶 ャ リ み ャ オ レ ン ジ ゼ 活 陶 影 ゴ 絵
グ 活 ク 白 い 黄 色 法 撮 画 活 芸 ゼ 絵 真
園 ラ エ 興 り ダ 真 ム 法 ン プ ハ 青 真 真
```

| | |
|---|---|
| 黄色 | インジゴ |
| 紺碧 | マゼンタ |
| ベージュ | 茶色 |
| 白い | オレンジ |
| クリムゾン | ブラック |
| シアン | ピンク |
| フクシア | セピア |
| グレー | バイオレット |

# 31 - Adjetivos #1

完 動 エ ャ イ パ 読 モ 暗 い 重 法 絶 キ ズ
全 品 キ リ び ズ 園 ダ 書 り 貴 法 対 グ ン
イ び ゾ ゼ り 書 レ イ 品 ー 法 狩 プ 味
シ 園 チ 魔 ズ エ ゼ 猟 園 深 ク ゼ 撮 イ び
キ 書 ッ 編 正 重 要 ダ 画 ル 刻 陶 キ 読 シ
書 真 ク 芸 直 パ ハ 写 ゲ ハ イ ン イ レ 興
撮 ャ プ 絵 喜 真 猟 寛 大 な パ シ ル プ み
編 絵 プ ク レ ク 狩 ー 陶 写 プ 活 エ 遅 い
ャ 画 法 レ ー ゲ 猟 狩 喜 芸 物 ダ ー 若
ー 狩 イ 画 ル キ 釣 読 動 品 狩 ズ 陶 ゼ グ
ー 動 ラ プ 興 明 真 動 び シ 書 物 写 ャ エ
読 ク ハ な 園 法 る ン 読 真 動 グ ラ 読 プ
魅 力 的 絵 大 き い い 狩 芸 味 品 イ ダ プ
アク ティ ブ 巨 撮 ダ 芳 香 族 猟 真 ジ り
法 野 心 的 エ 喜 り ー 品 び 陶 シ キ 興 興

| | |
|---|---|
| 絶対 | 正直 |
| アクティブ | 重要 |
| 野心的 | 若い |
| 芳香族 | 遅い |
| 魅力的 | モダン |
| 明るい | 暗い |
| 巨大な | 完全 |
| エキゾチック | 重い |
| 寛大な | 深刻 |
| 大きい | 貴重 |

# 32 - Familia

| | | | | | | | | | | | | | |
|---|---|---|---|---|---|---|---|---|---|---|---|---|---|
| レ | 法 | 写 | リ | 品 | グ | 撮 | 狩 | 園 | み | み | 物 | ン | 読 | ゼ |
| み | 真 | グ | ダ | 喜 | ゼ | グ | 狩 | 魔 | 芸 | 読 | 猟 | 写 | ャ | 芸 |
| 夫 | ー | り | ー | ズ | 物 | み | 頃 | の | 供 | 子 | 供 | ン | パ | エ |
| エ | ャ | ラ | 画 | 画 | 狩 | ル | 画 | 叔 | ハ | 姪 | 姉 | リ | プ | 動 |
| ク | 母 | 真 | ン | 父 | 叔 | 味 | ゲ | 母 | ダ | ン | 妹 | 影 | ゲ | 喜 |
| キ | ム | シ | 品 | 祖 | シ | シ | ー | 猟 | 狩 | 読 | ン | キ | シ | 子 |
| 写 | キ | レ | 撮 | エ | 釣 | ダ | ャ | 喜 | ク | プ | 園 | レ | シ | 供 |
| ム | シ | ゲ | 活 | ャ | ル | 園 | 動 | 甥 | レ | 狩 | 興 | ダ | 法 | 達 |
| 狩 | キ | 興 | 兄 | 弟 | 画 | 芸 | ル | 画 | ハ | 狩 | 撮 | 猟 | 書 | 興 |
| い | ン | 真 | 釣 | ハ | プ | パ | 絵 | ゼ | 読 | ン | 陶 | 狩 | パ | シ |
| 絵 | と | 絵 | 興 | 陶 | グ | ク | 法 | 影 | 活 | り | り | ク | 味 | 読 |
| ズ | 祖 | こ | 書 | 味 | ル | ン | レ | 影 | 法 | 影 | 品 | ー | 絵 | み |
| 絵 | 物 | 先 | ク | ム | グ | 母 | 性 | ゲ | 法 | 動 | 真 | 娘 | ク | ジ |
| 品 | ラ | ズ | ゲ | 孫 | 真 | ク | ン | 芸 | ゲ | 影 | 陶 | ク | レ | 釣 |
| ー | 妻 | シ | お | ば | あ | ち | ゃ | ん | 猟 | 活 | 書 | 釣 | び | ジ |

| | |
|---|---|
| おばあちゃん | 母性 |
| 祖父 | 子供 |
| 祖先 | 子供達 |
| 姉妹 | いとこ |
| 兄弟 | 叔母 |
| 子供の頃 | 叔父 |

# 33 - Disciplinas Científicas

鉱 物 学 理 心 り ゼ 真 エ 読 影 リ 写 ゼ シ
釣 物 化 生 シ ゼ ラ パ 喜 カ グ ジ 芸 ジ パ
活 影 学 解 釣 絵 ハ リ リ 学 疫 免 ジ 魔 画
影 ー 語 影 剖 猟 画 興 ャ 物 ン 生 化 学 写
ャ ジ 言 編 編 学 古 考 編 生 陶 社 影 物 書
ハ 書 動 ゲ 品 象 絵 植 興 天 ゼ 会 ク 動 書
ダ ム 活 喜 園 気 ジ 物 ジ び 文 学 書 シ 興
芸 り 品 味 猟 編 ダ 学 興 グ 撮 学 み 法 活
編 画 ジ 園 物 絵 釣 興 写 レ ル 撮 写 釣 ダ
書 リ 真 ダ み 狩 グ ジ ズ び 撮 陶 グ 味 真
芸 絵 写 ゼ グ 写 活 ダ 神 生 グ グ ラ 活 狩
真 ゲ 影 影 シ 活 レ ー 経 動 態 ー ン レ 釣
ャ 地 熱 力 学 撮 レ び 学 編 動 学 ク ゼ 狩
品 質 動 写 動 編 書 写 興 ク ジ イ び 読 編
動 学 ゼ 読 シ リ ハ 陶 ー 魔 ハ ゼ 魔 釣 法

| | |
|---|---|
| 解剖学 | 言語学 |
| 考古学 | 力学 |
| 天文学 | 気象学 |
| 生物学 | 鉱物学 |
| 生化学 | 神経学 |
| 植物学 | 心理学 |
| 生態学 | 化学 |
| 生理 | 社会学 |
| 地質学 | 熱力学 |
| 免疫学 | 動物学 |

# 34 - Moda

| 園 | び | クャ | ー | 喜 | ャ | 喜 | 絵 | 真 | 魔 | パ | ボ | 法 | り |
|---|---|---|---|---|---|---|---|---|---|---|---|---|---|
| エ | 狩 | 品 | り | ク | ミ | ニ | マ | リ | ス | ト | タ | モ | タ | ド |
| レ | 品 | 活 | 品 | 写 | 品 | び | レ | 物 | リ | 魔 | ー | ダ | ゼ | ン |
| ガ | 刺 | ャ | ー | ゼ | 読 | ゼ | ズ | 真 | ン | 猟 | ン | ン | パ | レ |
| ン | 繍 | レ | 喜 | 釣 | ブ | 釣 | 物 | み | 書 | み | 狩 | 測 | 定 | ト |
| ト | 書 | 編 | 編 | 味 | 喜 | テ | 写 | ゼ | 実 | ー | エ | ゼ | 園 | 編 |
| ハ | エ | ャ | オ | 写 | ー | 真 | ィ | 撮 | 用 | 絵 | 狩 | 写 | プ | ズ |
| 陶 | ジ | ダ | 書 | リ | 狩 | 法 | 釣 | ッ | 的 | 絵 | 動 | 興 | 真 | 興 |
| 洗 | 練 | さ | れ | た | ジ | 衣 | 類 | 物 | ク | ズ | ダ | 品 | ゼ | 編 |
| 物 | ン | ャ | ゲ | エ | 魔 | ナ | ダ | レ | シ | び | エ | ル | ゼ | 品 |
| イ | 画 | ム | エ | 興 | ン | 書 | ル | 編 | 真 | 写 | 味 | リ | 猟 | ジ |
| 陶 | 味 | 味 | み | 画 | リ | 芸 | イ | 活 | 影 | パ | イ | ジ | 画 | ズ |
| イ | 猟 | 味 | 芸 | 興 | 編 | キ | タ | 読 | 興 | 生 | 動 | 真 | 書 | 魔 |
| 手 | 頃 | な | 価 | 格 | ャ | チ | ス | ク | テ | 地 | レ | ー | ス | 動 |
| 園 | 園 | パ | グ | 芸 | 魔 | 狩 | 真 | ゲ | 法 | 品 | ャ | 高 | 価 | な |

| | |
|---|---|
| 手頃な価格 | モダン |
| 刺繍 | オリジナル |
| ボタン | パターン |
| ブティック | 実用的 |
| 高価な | 衣類 |
| エレガント | 洗練された |
| レース | 生地 |
| スタイル | トレンド |
| 測定 | テクスチャ |
| ミニマリスト | |

# 35 - Electricidad

```
ゼ 気 電 電 話 ム イ り 影 ジ 書 キ 陶 興 画
み ズ 興 池 ズ エ ワ ジ ャ 撮 リ ダ イ ル エ
編 レ ジ 狩 陶 ズ ジ イ 書 法 撮 ハ り レ 書
発 陶 書 園 編 み 活 オ ヤ ハ 味 活 磁 石 書
生 画 キ 真 り 編 通 ブ ン ハ レ 興 グ 喜 品
器 正 活 興 り 釣 信 ジ ー レ ト ス 読 喜 レ
読 ン み ジ 画 網 ェ ラ ズ 物 画 ル ル ザ ー
喜 活 物 画 撮 ャ 陶 ク 絵 ハ み テ レ ビ ザ
ム パ び 量 ー 陶 リ ト 読 読 ジ 釣 プ 魔 ー
ジ リ パ 芸 ラ 猟 動 ッ 球 ゼ 絵 み 真 写 魔
興 影 法 ー 撮 ン ズ ケ 電 気 技 師 陶 シ ハ
ー 撮 グ ケ 真 釣 プ ソ 物 活 ラ 絵 ャ ジ 撮
エ ハ 法 ー ズ ジ ジ プ 絵 真 活 法 陶 品 ズ
ム り 物 ブ 芸 影 陶 読 ダ 釣 工 物 イ 品 興
負 ゼ 写 ル ル 法 ン ル ゲ 園 ゼ 興 芸 シ 動
```

| | |
|---|---|
| ストレージ | 発生器 |
| 電池 | 磁石 |
| 電球 | ランプ |
| ケーブル | レーザー |
| ワイヤ | オブジェクト |
| 電気技師 | 通信網 |
| 電気 | テレビ |
| ソケット | 電話 |

| び | グ | 法 | リ | 喜 | 釣 | 喜 | ダ | 筋 | イ | グ | 動 | 影 | 真 | 園 |
|---|---|---|---|---|---|---|---|---|---|---|---|---|---|---|
| 興 | 写 | リ | 画 | グ | 喜 | 写 | 写 | 肉 | 狩 | イ | プ | ゲ | 猟 | パ |
| ジ | 物 | 一 | み | 園 | ゲ | び | 狩 | 法 | 局 | 薬 | 反 | 射 | み | 興 |
| パ | レ | レ | 魔 | 喜 | ゲ | ル | 真 | ム | ダ | イ | 書 | ラ | 神 | 経 |
| 釣 | 物 | 法 | プ | び | ダ | パ | 興 | び | ク | ジ | ル | 書 | 興 | 園 |
| ホ | ス | ハ | 物 | キ | ャ | 園 | 品 | 狩 | 品 | 陶 | ン | ン | 法 | 骨 |
| プ | ル | 飢 | 餓 | シ | ジ | ン | ジ | エ | 絵 | ハ | ョ | グ | び | 折 |
| 絵 | イ | モ | 細 | 菌 | 習 | 写 | 魔 | イ | 真 | 活 | シ | 活 | 魔 | ク |
| 影 | ウ | 読 | ン | パ | 慣 | 興 | ゲ | 喜 | 芸 | ム | 一 | み | 影 | ズ |
| ム | 編 | 活 | 芸 | プ | 医 | 者 | レ | 診 | 療 | 所 | ゼ | ル | 真 | ム |
| イ | 品 | 編 | ダ | レ | 撮 | ル | イ | 法 | 治 | ア | ク | ティ | ゲ | ブ |
| 法 | 肌 | エ | 狩 | レ | 高 | 芸 | ゲ | 影 | 釣 | 影 | ラ | 釣 | ゲ | 猟 |
| パ | プ | 魔 | イ | 狩 | さ | 芸 | 画 | 猟 | り | 芸 | リ | 陶 | 姿 | り |
| グ | み | 物 | ム | 魔 | 読 | レ | 真 | 写 | 読 | レ | イ | 勢 | 喜 | エ |
| ム | 画 | 園 | ズ | パ | ジ | イ | 書 | ジ | ン | 読 | 喜 | 芸 | レ | エ |

| | |
|---|---|
| アクティブ | ホルモン |
| 高さ | 筋肉 |
| 細菌 | 神経 |
| 診療所 | 姿勢 |
| 医者 | 反射 |
| 薬局 | リラクゼーション |
| 骨折 | 治療 |
| 飢餓 | ウイルス |
| 習慣 | |

# 37 - Adjetivos #2

| | | | | | | | | | | | | | | |
|---|---|---|---|---|---|---|---|---|---|---|---|---|---|---|
| 活 | 辛 | い | ド | ム | 写 | 撮 | 味 | レ | 写 | ク | み | ハ | グ | キ |
| ャ | り | ラ | ラ | 興 | プ | リ | リ | ャ | リ | リ | ズ | ル | 釣 | ハ |
| ナ | 書 | リ | イ | 陶 | 影 | 絵 | 有 | 名 | な | エ | グ | 真 | 誇 | り |
| ダ | チ | 塩 | 辛 | い | エ | 法 | シ | 写 | ゼ | イ | ー | 釣 | 強 | ク |
| み | ク | ュ | 影 | ン | エ | ズ | 興 | 編 | 書 | テ | ダ | 絵 | い | シ |
| 疲 | れ | た | ラ | 品 | プ | イ | 芸 | ン | ゲ | ィ | ズ | 物 | 猟 | ラ |
| 読 | 陶 | み | パ | ル | 書 | 絵 | 真 | 影 | プ | ブ | ジ | 法 | プ | ハ |
| 読 | プ | エ | ダ | キ | 猟 | 新 | ジ | ズ | 猟 | ジ | 興 | 動 | ャ | ダ |
| ン | 魔 | 画 | 興 | エ | 真 | 鮮 | 説 | 編 | レ | 法 | 物 | ム | ラ | ン |
| 食 | 面 | 白 | い | レ | び | な | び | 明 | 芸 | 責 | プ | ャ | ジ | キ |
| 写 | 用 | み | 動 | ガ | 書 | ン | 喜 | プ | ズ | 任 | ン | 狩 | 編 | 常 |
| び | 新 | 着 | ズ | ン | ト | 狩 | 魔 | 陶 | 狩 | 者 | リ | レ | 正 | 読 |
| パ | び | 劇 | 的 | ト | 興 | 魔 | ル | プ | 法 | び | 写 | ム | 編 | プ |
| ラ | ム | 画 | 産 | キ | 真 | レ | 画 | 魔 | 絵 | 興 | 法 | 元 | 気 | り |
| 味 | み | プ | 生 | 園 | エ | 活 | 絵 | ラ | 絵 | 味 | 読 | 撮 | 物 | り |

| | |
|---|---|
| 疲れた | ナチュラル |
| 食用 | 正常 |
| クリエイティブ | 新着 |
| 説明 | 誇り |
| 劇的 | 辛い |
| エレガント | 生産的 |
| 有名な | 責任者 |
| 新鮮な | 塩辛い |
| 強い | 元気 |
| 面白い | ドライ |

猟 絵 ズ ゼ ジ シ 読 真 品 ー プ 喜 シ レ み
ゲ ク び 味 目 園 猟 パ 舌 魔 芸 釣 ズ レ ラ
肩 影 ズ 園 エ 写 法 撮 ラ レ ジ 撮 エ ル み
ャ 芸 パ み ゼ 読 猟 芸 肌 プ 興 キ 編 活 魔
キ 写 写 撮 絵 ラ ク ー ラ リ ャ ジ パ レ 撮
園 キ ー 編 書 影 猟 ー 撮 ズ 写 興 ジ 真 書
陶 品 魔 陶 書 ル 読 ゼ 編 心 臓 肘 首 書 レ
真 ダ 読 猟 ハ 脳 キ ル イ 撮 イ 真 足 活 ン
ズ 顎 ジ ム ク 書 ク 猟 ム 魔 耳 顔 動 び 読
ク 画 画 ル 興 キ び ジ ゲ 動 グ 狩 釣 猟 法
ロ 魔 エ ゼ 味 ハ 品 み 頭 血 り り 編 リ ン
み 猟 膝 シ プ エ 鼻 ャ 狩 園 品 物 グ 園 イ
書 ハ 影 パ ー リ 画 狩 ゲ 指 ズ エ 魔 み イ
画 狩 ハ 園 ム 物 ラ 手 釣 芸 ン リ ャ ム 画
動 釣 イ 魔 真 陶 足 興 喜 影 猟 ク レ シ 法

心臓　　　　　　　足首

# 39 - Calentamiento Global

発 温 度 世 代 ン 味 ゼ ダ 危 シ 人 釣 エ 真
写 達 真 喜 一 今 び ム 北 法 機 口 芸 ネ ム
ダ 編 キ キ 釣 品 ジ 魔 極 律 業 撮 エ ル 陶
プ 科 喜 ゼ 狩 一 プ デ 界 撮 真 ギ 法
絵 学 狩 レ レ レ ダ 芸 り み 興 撮 書 ー レ
グ 者 ャ 芸 政 府 法 ク 影 ダ 味 読 グ キ プ
芸 リ 真 影 一 ゼ 写 法 味 画 気 候 喜 リ 猟
猟 ャ 動 結 果 ゲ ャ グ イ ダ み み 書 び び
園 一 味 芸 喜 品 編 興 イ 釣 狩 み 環 ダ 興
キ グ ャ 物 注 り ダ エ 編 写 エ 品 境 パ ゼ
法 読 魔 ハ 意 び ラ 編 魔 ム 陶 ム 書 ジ イ
ゼ 動 喜 未 来 レ 喜 ル 喜 ム ラ 猟 ク ジ ジ
法 ズ 法 ゲ ラ ラ ダ 読 ジ び 読 法 レ 写 ズ
画 陶 写 国 絵 写 び ガ ス エ 興 書 ジ イ ク
品 釣 リ 際 芸 狩 エ ム ル 影 真 び ハ ラ ハ

| | |
|---|---|
| 環境 | 未来 |
| 注意 | ガス |
| 北極 | 世代 |
| 科学者 | 政府 |
| 気候 | 業界 |
| 結果 | 国際 |
| 危機 | 法律 |
| データ | 人口 |
| 発達 | 温度 |
| エネルギー | |

# 40 - Ciencia

```
動 石 味 重 シ ラ ゼ 芸 興 ゼ び 活 ャ 植 画
進 化 編 影 力 真 エ ラ 狩 リ キ キ 学 理 物
ダ 興 画 ゲ 釣 研 究 室 ダ ジ 真 狩 ー 芸 ン
ズ 猟 喜 写 魔 分 活 デ 味 品 ム ダ び り 猟
り び 法 粒 ラ 子 化 ー み 活 猟 釣 ン び 動
物 法 写 リ 子 原 学 タ ル 釣 生 園 画 書 レ
絵 ゲ リ 興 ー 狩 薬 実 験 イ 物 ズ 写 活 絵
ハ ズ ゼ イ ラ 影 品 読 ー 写 パ 影 法 影 陶
ゼ ゲ 物 ー ン ズ 陶 園 読 魔 興 真 興 ダ レ
動 イ ハ び ム エ 喜 真 編 書 味 興 ー ダ 影
科 学 者 書 画 芸 ー ー 陶 ズ 編 魔 工 編 活
ク ム 気 候 ラ シ 釣 仮 画 影 絵 自 然 ハ 園
ズ ハ ク 事 実 品 レ 説 キ イ レ ム 喜 芸 陶
真 喜 レ 陶 ル 狩 エ 書 喜 魔 パ 芸 パ ム レ
画 方 法 シ び レ ミ ネ ラ ル 物 ム み ズ 影
```

| | |
|---|---|
| 原子 | 仮説 |
| 科学者 | 研究室 |
| 気候 | 方法 |
| データ | ミネラル |
| 進化 | 分子 |
| 実験 | 自然 |
| 物理学 | 生物 |
| 化石 | 粒子 |
| 重力 | 植物 |
| 事実 | 化学薬品 |

# 41 - Restaurante #2

| ャ | 画 | シ | リ | シ | み | リ | 物 | 前 | キ | グ | ツ | り | 味 | ル |
|---|---|---|---|---|---|---|---|---|---|---|---|---|---|---|
| プ | パ | 動 | ン | ゲ | 書 | ャ | 陶 | 釣 | 菜 | ス | ー | プ | ズ | フ |
| 品 | り | ャ | 動 | ズ | 塩 | 撮 | 真 | 味 | 野 | ウ | ル | ズ | タ | ォ |
| 椅 | 読 | み | プ | ン | 撮 | ハ | リ | 絵 | パ | ェ | フ | ム | 食 | ー |
| パ | 子 | イ | イ | プ | ャ | レ | 芸 | 画 | 物 | イ | 撮 | 書 | グ | ク |
| ク | び | ズ | 動 | 法 | 芸 | 編 | ン | び | ゲ | タ | 影 | 猟 | ジ | ー |
| ゼ | 撮 | り | 画 | ハ | グ | シ | 喜 | 猟 | キ | ー | ケ | 美 | 狩 | 喜 |
| 品 | 活 | 猟 | 画 | ャ | エ | 撮 | ラ | 魔 | 物 | り | グ | 味 | 写 | 影 |
| ス | イ | パ | ス | 喜 | 飲 | 魚 | サ | 陶 | 撮 | み | 味 | し | 法 | ク |
| プ | 味 | 撮 | レ | イ | ハ | 料 | ラ | 読 | ム | ラ | 絵 | い | 活 | 品 |
| ー | ム | ハ | 卵 | グ | 狩 | 陶 | ダ | ャ | ハ | ン | 撮 | 芸 | 動 | 編 |
| ン | ク | 影 | 水 | 写 | 味 | レ | 氷 | リ | 魔 | チ | プ | 味 | シ | ラ |
| 喜 | パ | 写 | 釣 | 読 | 釣 | 絵 | 釣 | 園 | 釣 | 魔 | ム | ラ | ズ | 猟 |
| ゲ | 法 | ャ | ム | び | ー | 魔 | 狩 | 編 | ク | ル | リ | び | ラ | 真 |
| み | 編 | ク | ハ | 魔 | 狩 | 撮 | ル | 品 | プ | ャ | ル | 法 | シ | ム |

ランチ　　　　　　　　スパイス
前菜　　　　　　　　　フルーツ
飲料　　　　　　　　　ケーキ
ウェイター　　　　　　椅子
夕食　　　　　　　　　スープ
スプーン　　　　　　　フォーク
美味しい　　　　　　　野菜
サラダ

# 42 - Profesiones #1

```
法 物 ジ 読 ジ 読 り 猟 ジ 園 ゲ キ レ ン 動
地 魔 ム ゲ ー び ン 魔 心 理 学 者 学 文 天
図 真 グ 撮 み 書 配 編 シ 法 シ 医 獣 り グ
製 エ ゼ 法 宝 真 ゲ 管 ダ 園 編 影 ハ ン ダ
作 ハ 陶 絵 石 パ 活 レ エ ラ ジ 編 編 動 ズ
者 ー 陶 消 商 ャ ゼ 喜 ダ ク 芸 活 喜 ハ プ ム
ハ 書 動 防 踊 り 子 プ ラ り ー ダ 魔 キ ム
ハ シ 写 士 シ ャ 釣 ピ 写 撮 法 ラ 音 び 園
エ 陶 ハ 婦 護 看 撮 ア ハ ン タ ー 楽 み 狩
ラ 品 大 ジ 真 弁 物 ニ イ ン み パ 家 行 銀
法 シ 品 使 び 編 ダ ス 釣 喜 絵 撮 ン ク 書
読 ゲ 地 キ 影 集 芸 ト ー リ ス ア レ 編 ズ
ク 物 質 み 喜 者 喜 画 コ ル 撮 画 画 釣 陶
編 狩 学 キ 味 猟 芸 レ ー プ ハ 興 法 絵 物
編 ャ 者 読 み ラ ハ パ チ レ 画 ズ ン 画 ハ
```

| | |
|---|---|
| 弁護士 | 大使 |
| 天文学者 | 看護婦 |
| アスリート | コーチ |
| 踊り子 | 配管工 |
| 銀行家 | 地質学者 |
| 消防士 | 宝石商 |
| 地図製作者 | 音楽家 |
| ハンター | ピアニスト |
| 医者 | 心理学者 |
| 編集者 | 獣医 |

# 43 - Vehículos

キムクタクシータクラトボ読ズ潜
プャッ品猟ヤイタ絵撮い物ール水
飛写ラ自転車バスーキか影タト艦
行プトバ地下鉄陶りモだリプャパ
機ムゲーンリ動シパグ猟ャコシ車
み物法味パシ影ルム真ゲ魔リ味列
絵編シびびンャゲンズ興イ撮ヘズ魔
みゲ絵動ロケットズ真園プエリ品
ダみム救急車釣ラ品編撮パ画イ喜
狩活芸ハ撮猟ンダ撮フクジダみ画
写猟読プみムゲジレェみ写キ芸釣
書活動リ陶編ダ活画リー魔絵ャ写
狩グラ陶撮グ興キルー写陶ャ猟ズ
イ魔画写りびゲ撮ラ絵ャ動興画喜
み興読釣魔芸ージレゲ書びル芸ゲ

救急車　　　　　　　　ヘリコプター
バス　　　　　　　　　シャトル
飛行機　　　　　　　　地下鉄
いかだ　　　　　　　　モーター
ボート　　　　　　　　タイヤ
自転車　　　　　　　　潜水艦
トラック　　　　　　　タクシー
キャラバン　　　　　　トラクター
ロケット　　　　　　　列車
フェリー

# 44 - Geometría

```
グ 読 三 角 形 魔 シ み 水 平 び 法 狩 ゲ 書
物 絵 喜 ハ 園 方 程 式 エ ャ 割 合 画 猟 魔
興 リ エ 喜 次 編 ゼ び セ 釣 ダ 物 ラ 品 キ
び ハ ハ ク 元 猟 ジ 真 絵 グ リ 平 行 活 ハ
み 陶 ラ み 喜 高 ル 絵 シ メ 写 キ ゲ 活 写
ズ 写 み ゼ 園 さ シ 影 ラ ム ン ク 活 ク
品 魔 ン 撮 ラ み リ 論 喜 シ 表 園 写 陶 グ
味 物 画 び ク 角 度 理 ム 撮 面 ャ 写 猟 撮
ャ 真 り 写 グ 狩 品 直 径 編 ク み び ル グ
ャ 味 対 撮 編 番 ハ 垂 計 リ ジ ー 興 動 絵
絵 芸 称 園 釣 号 ダ 計 リ 釣 ャ 読 画 理 活
狩 パ 画 ム キ ズ ャ 中 算 真 質 量 イ ン 論
釣 撮 興 ジ シ 画 影 央 み イ レ ゼ ャ 画 エ
物 び グ 撮 曲 ジ み 値 ハ 園 興 イ ゼ シ 写
物 物 興 イ 線 動 品 レ 法 イ 書 絵 シ 味
```

| | |
|---|---|
| 高さ | 中央値 |
| 角度 | 番号 |
| 計算 | 平行 |
| 曲線 | 割合 |
| 直径 | セグメント |
| 次元 | 対称 |
| 方程式 | 表面 |
| 水平 | 理論 |
| 論理 | 三角形 |
| 質量 | 垂直 |

# 45 - Vacaciones #2

影 レ パ 芸 撮 撮 ラ 陶 ズ 喜 レ グ 園 ジ ャ
ラ 魔 ス 猟 興 ー レ ル テ ホ ジ 品 ゼ ジ 写
り 釣 園 ト 行 き 先 絵 ン 読 ャ ゼ ン ズ 園
レ ハ シ ー ラ 海 パ シ ト 法 ー キ り 写 狩
撮 影 興 ポ ン ン パ プ 喜 び 画 陶 真 画 ム
エ プ ル ス 興 園 り シ ル 写 予 イ ゼ 活 絵
真 喜 シ パ パ り り 味 物 空 約 ズ リ パ エ
み 物 プ 品 イ 真 法 書 キ 港 キ 真 外 国 人
園 エ 画 ゼ 交 写 真 猟 レ キ ム 興 ャ 芸 園
活 物 ズ パ 通 狩 品 び ー エ 動 り パ 撮 陶
タ 絵 釣 画 ー プ 魔 絵 ャ ル 絵 休 魔 り 動
ゼ ク び レ ー ン 園 エ ン 法 レ 日 読 ダ 旅
写 グ シ チ 真 み 列 ー ル ズ グ ー 書 影 絵
陶 ク み ー 島 地 車 真 リ 写 エ ダ 芸 芸 び
編 ジ ザ ビ 写 図 品 猟 レ 動 動 写 び 陶 イ

空港　　　　　　　　ビーチ
テント　　　　　　　予約
行き先　　　　　　　レストラン
外国人　　　　　　　タクシー
写真　　　　　　　　交通
ホテル　　　　　　　列車
地図　　　　　　　　休日
レジャー　　　　　　ビザ
パスポート

# 46 - Matemáticas

円周垂ク芸陶多芸レ写動喜ムズ影
画キ直ダイズ読角エム園グレャ読
みラゼ絵ボ真猟真形ゼ陶分ムーン
ン味芸りリゲ芸り角喜ー数指味絵
ーり法ーュ絵クパ三園ャグジ方
法幾何学ー写園キプ喜物画読程
ゲ撮ハ動ムャキプ釣みキ釣絵式
園ャ陶キ動ゲりラ活対小読味レ
ラ平ンハ絵物ラク狩称読数ラ法
書行平影クンび真物ムキゼ影ャ
撮四シハリりリ味編興プ活読ク
ン辺算術半径りシハエ数字イプ
物形ーズダ直プー芸みラ陶法ジび
真レ矩味角絵ク狩プイ絵ラダ品撮
猟キびジ度喜レ法法画周囲ャャン

| | |
|---|---|
| 算術 | 平行 |
| 角度 | 平行四辺形 |
| 円周 | 周囲 |
| 小数 | 垂直 |
| 直径 | 多角形 |
| 方程式 | 半径 |
| 指数 | 矩形 |
| 分数 | 対称 |
| 幾何学 | 三角形 |
| 数字 | ボリューム |

# 47 - Profesiones #2

| 興 | ン | 歯 | 動 | 物 | 学 | 者 | 画 | 家 | ー | 宇 | ハ | ャ | 魔 | 活 |
|---|---|---|---|---|---|---|---|---|---|---|---|---|---|---|
| び | ゃ | 医 | 喜 | 法 | 喜 | 動 | ー | 物 | イ | 宙 | キ | 発 | プ | 芸 |
| プ | 写 | 者 | 学 | 語 | 言 | パ | パ | ダ | 画 | 飛 | 画 | ジ | 明 | 活 |
| 編 | キ | 先 | イ | リ | 読 | ン | 読 | キ | 興 | 行 | キ | り | イ | 者 |
| パ | プ | び | 生 | レ | ャ | エ | 外 | 科 | 医 | 士 | リ | 喜 | 園 | 究 |
| イ | エ | ン | ジ | ニ | ア | 陶 | ラ | 狩 | 品 | 探 | 偵 | ク | 書 | 研 |
| ロ | ラ | 絵 | 釣 | 陶 | 真 | 園 | 哲 | 学 | 者 | イ | 動 | 活 | 釣 | 動 |
| ッ | 園 | 真 | 読 | ラ | 狩 | 編 | ラ | ゼ | び | ラ | 真 | 活 | 書 | グ |
| ト | ス | リ | ナ | ー | ャ | ジ | 影 | キ | 撮 | ス | 生 | 物 | 学 | 者 |
| 書 | ダ | ル | レ | ジ | ダ | ラ | ク | 陶 | シ | ト | 喜 | ー | ー | リ |
| 園 | プ | 編 | 物 | 画 | 狩 | 動 | パ | リ | 魔 | レ | 活 | 狩 | ハ | シ |
| 読 | キ | 写 | 真 | 家 | ハ | 編 | ン | ク | 猟 | ー | び | 陶 | 写 | イ |
| エ | 影 | 書 | び | 品 | 真 | ジ | 絵 | 読 | ー | タ | 書 | 園 | 写 | ャ |
| 司 | 書 | ジ | 真 | ン | 釣 | グ | レ | エ | パ | ー | 真 | 医 | 師 | ン |
| ン | パ | 釣 | グ | 園 | 猟 | レ | ク | パ | 陶 | 編 | 画 | プ | 活 | 庭 |

| | |
|---|---|
| 宇宙飛行士 | 発明者 |
| 司書 | 研究者 |
| 生物学者 | 庭師 |
| 外科医 | 言語学者 |
| 歯医者 | 医師 |
| 探偵 | ジャーナリスト |
| 哲学者 | パイロット |
| 写真家 | 画家 |
| イラストレーター | 先生 |
| エンジニア | 動物学者 |

# 48 - Senderismo

| | | | | | | | | | | | | | | |
|---|---|---|---|---|---|---|---|---|---|---|---|---|---|---|
| 地 | 物 | ー | 芸 | ー | 野 | 興 | ダ | ル | ハ | 陶 | 釣 | 味 | 興 | サ |
| 品 | 図 | ゲ | 読 | プ | 生 | 読 | 公 | 園 | ハ | ズ | ラ | 味 | ム | ミ |
| ム | 真 | 石 | 写 | リ | 法 | 崖 | ゼ | ゲ | ラ | 動 | 準 | ン | ラ | ッ |
| 芸 | 品 | 園 | 写 | ャ | 動 | 重 | 画 | ブ | 動 | 物 | 備 | ン | み | ト |
| 喜 | り | ジ | ム | 品 | ゼ | い | 物 | 活 | ー | 水 | リ | グ | ジ | 魔 |
| オ | リ | エ | ン | テ | ー | シ | ョ | ン | 水 | 編 | 蚊 | 気 | 候 | ク |
| イ | 魔 | 物 | レ | ル | ャ | 品 | シ | ハ | 蚊 | イ | プ | 味 | イ | プ |
| パ | ム | 芸 | ル | ク | レ | 陶 | ム | 真 | 法 | ン | 物 | プ | 猟 | レ |
| ズ | 太 | ー | 編 | ゼ | ハ | 釣 | 猟 | 興 | ン | ダ | イ | 撮 | 絵 | み |
| キ | 陽 | ダ | パ | 芸 | ル | ャ | ジ | 物 | 物 | ン | ガ | 品 | み | 喜 |
| 魔 | 書 | り | グ | パ | リ | 猟 | 影 | 魔 | ン | プ | イ | ド | レ | ダ |
| 陶 | ン | 陶 | 園 | 読 | キ | 法 | 味 | ゼ | 活 | プ | リ | み | ゼ | 動 |
| ム | 写 | ゼ | 山 | 疲 | れ | た | 物 | 影 | ジ | ズ | ム | 味 | ゼ | 喜 |
| 法 | 工 | 影 | 画 | ク | リ | 絵 | 法 | ジ | 撮 | 興 | 品 | 絵 | ダ | 動 |
| ン | 芸 | 自 | 然 | 法 | 読 | 園 | 写 | グ | 芸 | ン | ャ | 魔 | 物 | 喜 |

| | |
|---|---|
| 動物 | 自然 |
| ブーツ | オリエンテーション |
| キャンプ | 公園 |
| 疲れた | 重い |
| 気候 | 準備 |
| サミット | 野生 |
| ガイド | 太陽 |
| 地図 | |

# 49 - Naturaleza

```
美 ハ 魔 興 園 ジ 影 び パ り 野 編 ジ 画 ム
し 法 ダ 園 編 び 真 編 氷 河 生 み ゼ 読 キ
さ ン 物 ル 画 び 芸 ン 活 パ 物 ジ 穏 キ び
法 芸 釣 真 リ 芸 影 ズ 書 ダ 園 法 や 芸 興
ズ レ 動 魔 魔 ジ り シ 動 書 み 芸 か 読 法
園 味 絵 ト ロ ピ カ ル 編 ン ジ ゲ 読 園 キ
猟 喜 魔 法 シ キ 雲 タ 絵 法 北 川 読 読 蜂
活 り 味 ゼ ラ ゼ 猟 ー 平 ム 極 プ 園 園 森
品 喜 サ 絵 重 ー キ ー 和 園 陶 砂 読 漠 園
喜 ゲ ン リ 園 陶 霧 シ 活 ハ 物 リ 園 み み
グ 絵 ン ク 要 活 ャ 活 絵 ー 陶 魔 ル 物 編
侵 ャ チ 葉 興 活 ク ズ 写 り 釣 編 動 プ 撮
食 ン ュ ン レ ズ ゼ レ 書 狩 真 プ プ 的 み
画 品 ア リ ム 撮 品 活 芸 猟 絵 プ キ 法 芸
活 み リ ズ 魔 プ 撮 み ム ハ ゼ 法 リ 陶 陶
```

| | |
|---|---|
| 動物 | 平和 |
| 北極 | シェルター |
| 美しさ | 野生 |
| 砂漠 | サンクチュアリ |
| 動的 | 穏やか |
| 侵食 | トロピカル |
| 氷河 | 重要 |

# 50 - Conduciendo

```
ト ス バ 撮 釣 警 ズ レ 狩 写 ト ラ ッ ク イ
み ン 撮 り 察 歩 興 真 み ゼ キ 真 活 バ
ラ セ ネ び エ 物 行 ン 危 険 ス ト リ ー ト
ラ イ 園 ル 車 み 者 ラ ゲ シ ガ パ 動 タ ー オ
パ ラ 事 故 ャ 陶 エ キ み ゼ 読 レ 喜 ー オ
品 パ エ プ 陶 リ 陶 法 品 編 キ 燃 料 モ 活
ン ゲ 画 絵 ー 猟 動 興 ハ ゲ リ パ 猟 ハ レ
ム リ 味 撮 プ ム 動 ゼ 真 書 パ ブ シ 速 魔
び 画 動 り ゼ パ ゼ び 興 園 ダ レ 編 度 ズ
地 図 ン ハ 書 ム 絵 真 ー ジ ー レ ガ 喜
写 画 喜 リ 絵 ャ ゲ ラ 影 味 ダ キ イ 画 真
釣 安 魔 パ 法 イ 影 ル み り ダ 釣 グ 魔 陶
交 パ 全 み エ 編 釣 活 ク ム 編 ャ エ 書 興
み 通 魔 性 真 り 狩 イ 画 れ り 編 活 ゲ 物
リ エ 園 レ 絵 ハ 狩 品 陶 ダ ゲ 写 陶 絵 影
```

| | |
|---|---|
| 事故 | オートバイ |
| バス | モーター |
| ストリート | 歩行者 |
| トラック | 危険 |
| 燃料 | 警察 |
| ブレーキ | 安全性 |
| ガレージ | 交通 |
| ガス | トンネル |
| ライセンス | 速度 |
| 地図 | |

# 51 - Ballet

| 品 | 品 | リ | シ | 編 | 書 | 写 | り | ジ | 物 | 作 | 音 | 編 | り | ソ |
|---|---|---|---|---|---|---|---|---|---|---|---|---|---|---|
| レ | 猟 | ハ | 魔 | 真 | 興 | 園 | ジ | ダ | プ | 画 | 曲 | 楽 | ゲ | ロ |
| ハ | 撮 | ー | び | ム | 絵 | ャ | 写 | 活 | ャ | ゲ | ク | 家 | イ | ス |
| エ | 園 | サ | み | 影 | 拍 | ダ | ム | 芸 | リャ | び | 法 | プ | タ |
| 園 | 猟 | ル | ン | 園 | 手 | ン | 筋 | 術 | 喜 | 興 | 影 | 読 | 狩 | イ |
| オ | ー | ケ | ス | ト | ラ | サ | 肉 | 的 | バ | レ | リ | ー | ナ | ル |
| ハ | 撮 | ジ | ッ | 読 | 振 | ー | び | 興 | 真 | ル | 物 | ジ | キ | ダ |
| 書 | 強 | 物 | レ | 狩 | り | ゼ | ジ | キ | 猟 | ム | キ | ェ | リ | ジ |
| シ | 度 | 釣 | キ | ル | 付 | 絵 | 釣 | ム | ム | ゼ | ル | ス | ジ | ラ |
| プ | 法 | リ | ダ | パ | け | 釣 | 物 | ャ | キ | び | ル | チ | 表 | ズ |
| リ | ズ | ム | 書 | ン | 画 | ハ | ズ | ゲ | ゲ | プ | ズ | ャ | 現 | 釣 |
| 品 | プ | 写 | 真 | シ | み | プ | 園 | レ | 品 | 魔 | ク | ー | カ | 狩 |
| 喜 | ャ | ハ | シ | 品 | び | ル | 物 | 狩 | イ | 品 | ク | レ | 豊 | レ |
| ク | 編 | 絵 | み | 興 | ン | パ | 猟 | び | 技 | 編 | ン | キ | か | 動 |
| ラ | 画 | ダ | 画 | シ | ラ | 練 | 習 | 法 | 術 | 読 | ー | 猟 | な | ン |

| | |
|---|---|
| 拍手 | スキル |
| 芸術的 | 強度 |
| バレリーナ | レッスン |
| ダンサー | 筋肉 |
| 作曲家 | 音楽 |
| 振り付け | オーケストラ |
| リハーサル | 練習 |
| スタイル | リズム |
| 表現力豊かな | ソロ |
| ジェスチャー | 技術 |

# 52 - Fuerza y Gravedad

```
パ び セ 撮 ム ダ 読 シ パ 写 り 園 撮 マ 速
読 魔 芸 ン 魔 陶 プ ジ グ エ ハ 魔 み グ 度
写 魔 狩 興 タ 影 磁 気 イ パ 園 力 書 ニ グ
ゼ グ イ ル サ ー バ ニ ュ グ ン 学 陶 チ 興
ラ み ン イ イ 狩 狩 レ 狩 パ 園 り 影 ュ 陶
狩 品 距 離 ダ 法 レ 狩 撮 キ り 猟 発 ー ゼ
ズ 魔 魔 書 品 読 重 動 猟 喜 圧 力 見 ド ダ
ル 編 魔 プ リ 品 さ 書 ゲ ジ 狩 ン 芸 プ 物
ャ ダ ジ 味 写 書 グ 魔 イ レ パ 軸 絵 パ 画
プ グ 時 軌 道 物 ラ ー パ ク 書 物 絵 ン ム
ロ ハ 間 狩 ズ 理 真 画 動 書 写 編 キ パ ゼ
パ 釣 み 影 キ 学 ゲ 魔 読 写 写 園 品 ダ ャ
テ 絵 ン グ エ 品 惑 ゼ 拡 ハ プ 摩 シ グ
ィ ル エ 物 ジ 味 読 星 張 り 影 ズ 擦 影 響
グ 絵 び ゃ 書 ジ ラ 影 園 法 動 グ 魔 動 的
```

| | |
|---|---|
| センター | 力学 |
| 発見 | 軌道 |
| 動的 | 重さ |
| 距離 | 惑星 |
| 拡張 | 圧力 |
| 物理学 | プロパティ |
| 摩擦 | 時間 |
| 影響 | ユニバーサル |
| 磁気 | 速度 |
| マグニチュード | |

# 53 - Pájaros

絵 絵 魔 一 パ ス チ キ ン カ ガ チ ョ ウ 画
魔 書 ゼ 真 パ 陶 ズ 猟 カ 白 モ 釣 法 ョ 画
写 ル 卵 喜 編 レ ン メ リ 鳥 ゼ メ 芸 チ 読
画 パ イ 影 ゼ オ ウ ム ペ 真 絵 喜 釣 ダ ル
編 絵 カ ラ ス カ ッ コ ウ ズ ク 喜 ン 絵 オ
園 ラ 芸 猟 パ 絵 画 編 ル み 芸 撮 猟 物 オ
絵 猟 狩 陶 ズ ダ 陶 活 活 エ 一 品 イ 陶 ハ
動 ズ 読 活 狩 書 真 キ 活 イ ズ エ 真 シ シ
プ エ 味 キ び り ズ コ ダ ハ パ リ ル サ 鷹
編 園 リ ゼ 陶 法 シ ウ 物 味 活 法 芸 り ギ
物 ズ 魔 狩 動 り 絵 ノ 味 書 読 ズ 画 釣 園
フ ラ ミ ン ゴ 鷲 鳩 ト プ 釣 パ 猟 キ ャ 物
園 一 プ ギ 動 釣 ダ リ ラ 芸 撮 プ ア ヒ ル
編 一 撮 ン グ 狩 ダ 影 ム み グ 園 魔 味 ャ
ゲ ズ 釣 ペ プ 釣 絵 み レ ン 真 エ 編 味 イ

| | |
|---|---|
| ダチョウ | カモメ |
| コウノトリ | スズメ |
| 白鳥 | オウム |
| カッコウ | アヒル |
| カラス | ペリカン |
| フラミンゴ | ペンギン |
| ガチョウ | チキン |
| サギ | オオハシ |

# 54 - Geografía

| | | | | | | | | | | | | | |
|---|---|---|---|---|---|---|---|---|---|---|---|---|---|
| 味 | プ | 喜 | ズ | プ | 編 | プ | ク | ズ | 読 | 読 | 絵 | 真 | 芸 | ダ |
| 写 | 活 | キ | 絵 | 川 | パ | エ | 動 | ゼ | 写 | 絵 | プ | 画 | ム | グ |
| 領 | 域 | 真 | 真 | ゲ | 興 | 絵 | み | 魔 | 味 | ク | 法 | グ | ゼ | ン |
| 活 | 法 | イ | ダ | 活 | ズ | 活 | パ | エ | 品 | ア | 絵 | 狩 | エ | 子 |
| 猟 | プ | ン | エ | 活 | パ | 半 | 球 | 影 | 市 | 写 | 陶 | ト | エ | 午 |
| レ | 品 | ャ | 魔 | レ | ダ | 動 | ハ | ハ | パ | ャ | 動 | ム | ラ | 線 |
| 釣 | 海 | 世 | 界 | 狩 | プ | ズ | ー | 高 | 狩 | 物 | ン | プ | び | ス |
| ダ | ャ | 編 | イ | 喜 | 法 | 狩 | シ | ハ | 度 | 緯 | 読 | 地 | 域 | 興 |
| ズ | 活 | 山 | 南 | リ | ダ | イ | 魔 | 陶 | 経 | ダ | び | パ | 園 | 狩 |
| 影 | び | 撮 | 書 | ゼ | 狩 | 釣 | レ | 猟 | ハ | ズ | 物 | ャ | び |
| シ | 影 | ク | ジ | 画 | 芸 | ル | 北 | 狩 | イ | エ | 魔 | 書 | び | イ |
| ル | ゲ | 島 | クズ | 魔 | 影 | ジ | キ | 西 | 真 | 猟 | び | プ | り |
| ハ | 園 | 魔 | ン | 絵 | ム | び | 書 | 猟 | ズ | シ | 写 | り | 読 | 園 |
| ゲ | 撮 | ム | 編 | 猟 | 芸 | ダ | 芸 | 大 | イ | 活 | り | 地 | 図 | 国 |
| ゲ | 品 | エ | 動 | 味 | び | 物 | ズ | 興 | 陸 | ャ | び | ャ | ク | み |

高度　　　　　　　地図
アトラス　　　　　子午線
大陸　　　　　　　世界
半球　　　　　　　領域
緯度　　　　　　　地域
経度

# 55 - Música

読手活リ芸パテャゼバリズム法ク
ハ歌う園絵編ンイ撮楽ラ法影クラ
ーメロディーポーリ器ペーエ魔シ
モリ魔ク猟パ真撮ャ真オコドマッ
ニ調和ク撮書びレラ猟イームイク
ッミュージカルカーボ法ラみク読
クリン法画ゲ即リル狩アス撮リム
書ルみ釣キ猟ー興ンールリ書ハ書
ジ魔芸画りみク釣魔撮バゼ編ゲ喜
味び読音法クキハゼリムキ画イラ
動みダ録楽ラ動画撮ャ画喜エ陶品
クャ釣陶み家撮真画パり狩釣リム
味ジ画ン活読ジラ撮イ喜クズレ写
び活写味喜ャー写び味リ画グ品シ
影絵ンゲシ猟活詩的画芸グジ動ゲ

| | |
|---|---|
| 調和 | 楽器 |
| ハーモニック | メロディー |
| アルバム | マイク |
| バラード | ミュージカル |
| 歌手 | 音楽家 |
| 歌う | オペラ |
| クラシック | 詩的 |
| コーラス | リズム |
| 録音 | テンポ |
| 即興 | ボーカル |

# 56 - Enfermedad

活 活 園 釣 園 ン ゼ 園 釣 シ ア パ ダ ャ ム
ラ 影 法 釣 ン 狩 み ジ 法 法 レ 興 味 ズ 品
興 ズ リ り 心 読 ャ 読 ス ネ ル ェ ウ 治 療
弱 い 動 味 臓 法 み 写 活 ギ 性 慢 物 動 ム
書 ズ プ 芸 グ 狩 ー り み 撮 ー 染 プ イ ム
撮 び ル シ 喜 骨 腹 炎 書 イ 遺 伝 免 疫 ゲ
み ー 活 興 書 グ 部 症 ゼ 撮 園 ャ 編 動 魔
真 魔 ハ 写 ラ キ 編 法 影 芸 ラ 猟 絵 撮 ズ
絵 興 物 プ 芸 真 園 編 プ 絵 ー エ ー 物 エ
体 絵 レ ハ 撮 動 品 興 み パ 書 絵 呼 影 ン
品 キ 動 グ 味 芸 ャ 読 イ ル 読 書 ー 吸 真
釣 動 魔 ル 品 ン ジ 興 遺 症 園 ャ リ 器 ー
絵 エ 神 経 障 害 リ 真 伝 シ 候 シ キ ジ ズ
ャ 法 ン 絵 品 興 健 康 性 釣 芸 群 エ 味 画
画 ン 品 肺 編 ダ ゼ 腰 椎 写 レ エ 写 画 ラ

| | |
|---|---|
| 腹部 | 炎症 |
| アレルギー | 免疫 |
| ウェルネス | 腰椎 |
| 伝染性 | 神経障害 |
| 心臓 | 呼吸器 |
| 慢性 | 健康 |
| 弱い | 症候群 |
| 遺伝 | 治療 |
| 遺伝性 | |

# 57 - Actividades

活 動 物 ク 絵 パ 読 ジ 陶 真 ン ル イ び 法
撮 編 釣 キ 法 ハ ゼ 園 ラ イ エ 品 釣 陶 プ
み 興 ム 画 魔 イ り 芸 ゲ リ 書 法 り ム 動
猟 り 縫 製 ラ キ み 魔 り 撮 ン び り パ 魔
編 陶 キ 書 釣 ン 芸 び 猟 画 喜 キ 法 読 園
み イ ン シ 陶 グ 絵 ー パ ジ 法 写 品 ジ 書
物 み ョ ャ ゼ 読 狩 猟 ス キ ル 園 芸 興 み
書 ゲ シ ハ 活 真 品 編 ャ 味 シ シ エ 喜 味
動 影 ー ャ ジ レ プ エ 絵 グ ハ 法 レ び プ
園 芸 ゼ ム ン 影 パ ズ ル 絵 画 写 真 撮 影
ク 画 ク エ 書 み 編 ズ 釣 グ 魔 法 グ み り
影 ゲ ラ 猟 ズ ム 撮 書 イ り キ 味 猟 動 ー
芸 狩 リ ア ー ト イ 影 エ 影 り グ 影 編 ー
芸 ラ 写 ハ 影 味 ル 魔 ム 味 ャ 品 真 影 魔
グ 画 猟 書 品 写 読 品 園 ハ ズ 興 ャ 喜 活

| | |
|---|---|
| 活動 | 読書 |
| アート | 魔法 |
| 工芸品 | レジャー |
| 狩猟 | 釣り |
| 縫製 | 絵画 |
| 写真撮影 | 喜び |
| スキル | リラクゼーション |
| 興味 | パズル |
| 園芸 | ハイキング |
| ゲーム | 編み物 |

# 58 - Verduras

味 影 釣 ダ カ り 活 エ 影 一 撮 み ャ ー サ
イ 茄 シ キ ブ プ 動 だ 画 喜 興 芸 レ 真 コ ラ
猟 子 ョ リ 書 ラ 園 い オ 影 キ ノ コ じ ダ
レ ゲ ウ ド ン エ 喜 び プ こ リ セ パ ゃ ゼ
書 パ ガ ズ ー 動 ン ン ほ ズ ん ー ラ じゃ パ
ア ー テ ィ チ ョ ー ク 魔 う 玉 葱 ブ が 興
ブ ロ ッ コ リ ー ク ニ ー 釣 れ 物 ク い パ
か ぼ ちゃ 喜 書 動 ン び り ハ ん キ も ル
ハ 物 芸 ダ り 編 ゲ ニャ ダ 品 じ 草 パ
猟 ャ 味 読 編 ン 釣 興 ー キ 味 ん 動 ム ラ
活 ダ ク プ み 猟 釣 芸 写 セ み に 写 撮 み
プ 芸 読 陶 ャ 真 味 園 真 ロ イ 芸 ト マ ト
り ダ プ レ 編 ー キ 陶 ズ リ ウ キ ー 編
ン プ プ 絵 園 品 ゲ 園 ラ エ 喜 み エ ゲ 猟
リ イ り ル レ 釣 び び ゲ ー 写 魔 ム 興

| | |
|---|---|
| ニンニク | ショウガ |
| アーティチョーク | カブ |
| セロリ | オリーブ |
| 茄子 | じゃがいも |
| ブロッコリー | キュウリ |
| かぼちゃ | パセリ |
| 玉葱 | だいこん |
| サラダ | キノコ |
| ほうれん草 | トマト |
| エンドウ | にんじん |

# 59 - Instrumentos Musicales

```
ゲ 書 オ 魔 ル 猟 シ 興 ハ み ク ジ 活 レ 猟
魔 ル ー キ ピ ア ノ ダ ー ー 味 イ キ 活 ハ
物 影 ボ ョ 活 シ 芸 ル 魔 編 モ ゼ ー 影 活
ル エ エ み ジ 影 ゼ サ ト 写 写 ニ ダ ク ラ
画 マ リ ン バ ン 読 ッ ラ 喜 猟 ジ カ ク 猟
ゼ ャ 味 み ゲ 味 バ ク ン リ ド ン マ ラ ャ
パ ー カ ッ シ ョ ン ス ペ リ ン ー ド リ 猟
ハ ー プ ギ タ ー ゼ バ ッ ー バ ボ ラ ネ 絵
ー ャ 動 グ 写 ジ ゼ イ ト 読 絵 ン ム ッ ゴ
物 味 写 ム び ゲ ジ オ ー ン 陶 ロ タ ト ン
狩 写 グ エ み 書 パ リ ル ダ 写 ト ム フ グ
ン 狩 ゲ 活 園 動 読 ン フ 活 リ イ エ ァ 品
猟 真 喜 イ レ 喜 品 味 品 興 活 ゲ み ゴ 魔
ハ 芸 み 陶 狩 味 書 魔 チ ェ ロ 喜 ダ ッ グ
興 ー ゲ 書 り 画 画 ラ グ グ み 園 プ ト ゲ
```

| | |
|---|---|
| ハーモニカ | オーボエ |
| ハープ | タンバリン |
| バンジョー | パーカッション |
| クラリネット | ピアノ |
| ファゴット | サックス |
| フルート | ドラム |
| ゴング | トロンボーン |
| ギター | トランペット |
| マンドリン | バイオリン |
| マリンバ | チェロ |

# 60 - Flores

| ラ | 興 | 芸 | ひ | び | 画 | 活 | 活 | デ | 真 | 動 | ン | ー | プ | 味 |
|---|---|---|---|---|---|---|---|---|---|---|---|---|---|---|
| ジ | イ | プ | 画 | ま | 写 | 狩 | マ | イ | 喜 | 活 | 狩 | 猟 | 写 | 狩 |
| 活 | 法 | ラ | 書 | 釣 | わ | 動 | グ | ジ | ハ | プ | び | 読 | ズ | イ |
| キ | ク | 画 | ッ | プ | び | り | ノ | ー | イ | ル | 園 | グ | ゲ | 魔 |
| 絵 | 撮 | 読 | ダ | ク | 弁 | 真 | リ | ピ | ビ | メ | 編 | 真 | ゼ | 魔 |
| ク | ロ | ー | バ | ー | 花 | 画 | ア | ポ | ス | リ | 味 | ズ | ダ | び |
| 喜 | 真 | び | 動 | ン | 撮 | 束 | ト | タ | カ | ア | 写 | ダ | 品 | 興 |
| 写 | 狩 | 魔 | 狩 | 物 | 書 | キ | ケ | ン | ス | み | 写 | び | 喜 | ラ |
| み | び | 牡 | リ | ハ | み | キ | イ | ポ | 品 | ダ | ジ | ム | レ | パ |
| 芸 | 書 | 丹 | ク | チ | ナ | シ | ソ | ポ | 百 | 合 | ャ | ハ | 活 | チ |
| ム | 芸 | 物 | リ | 猟 | 物 | ハ | ウ | 味 | り | 読 | ス | 釣 | イ | ュ |
| 写 | 法 | ク | 陶 | イ | 動 | パ | エ | 活 | プ | 写 | ミ | 品 | 絵 | ー |
| 活 | ゼ | 陶 | 陶 | ジ | 興 | み | エ | 読 | ー | ダ | ン | ベ | ラ | リ |
| 写 | 園 | 陶 | 読 | ー | ハ | 芸 | り | 法 | 味 | 釣 | 魔 | 味 | レ | ッ |
| 園 | 狩 | イ | 陶 | ャ | シ | 蘭 | 活 | シ | 猟 | 園 | グ | 狩 | 物 | プ |

| | |
|---|---|
| ポピー | マグノリア |
| タンポポ | デイジー |
| クチナシ | トケイソウ |
| ひまわり | 牡丹 |
| ハイビスカス | 花弁 |
| ジャスミン | プルメリア |
| ラベンダー | 花束 |
| ライラック | クローバー |
| 百合 | チューリップ |

# 61 - Astronomía

| 春 | 園 | 釣 | ク | 法 | び | 影 | 狩 | 味 | 宇 | 宙 | 釣 | ム | 読 | 物 |
|---|---|---|---|---|---|---|---|---|---|---|---|---|---|---|
| 分 | エ | ロ | ケ | ッ | ト | 放 | 射 | 線 | 衛 | 月 | リ | 編 | ズ | 芸 |
| 陶 | ゼ | 興 | 真 | 法 | 動 | 写 | み | 陶 | 星 | 惑 | 法 | シ | 園 | 絵 |
| 一 | ハ | 活 | 撮 | 釣 | 法 | 撮 | り | 興 | 興 | 喜 | レ | 陶 | 猟 | 一 |
| 陶 | 味 | キ | 法 | ャ | ク | 撮 | 魔 | レ | び | 真 | シ | 釣 | ン | 画 |
| プ | 品 | プ | ジ | 動 | 興 | 物 | イ | 法 | ル | プ | ル | 絵 | 編 | 画 |
| 陶 | 台 | 編 | 物 | ム | イ | 魔 | ジ | ジ | ゲ | 写 | レ | 喜 | イ | リ |
| 物 | 文 | イ | 興 | ダ | び | ム | レ | 興 | 編 | 狩 | ズ | 物 | ン | ハ |
| 星 | 天 | 影 | ク | プ | ン | 望 | 遠 | 鏡 | ン | 読 | 絵 | 品 | 絵 | 書 |
| 絵 | 座 | 文 | ャ | 編 | ジ | 喜 | 書 | 食 | 狩 | 写 | 芸 | 味 | ン | 猟 |
| 超 | 新 | 星 | 学 | 法 | 法 | ズ | エ | 宇 | 宙 | 飛 | 行 | 士 | プ | 絵 |
| 空 | 活 | 陶 | 編 | 者 | ル | み | 品 | パ | ム | レ | 味 | 画 | 編 | グ |
| 園 | 撮 | 物 | み | 撮 | ズ | ク | 画 | ジ | ゼ | 陶 | イ | レ | 重 | カ |
| ゲ | ゲ | 銀 | 地 | ゲ | 猟 | シ | 流 | リ | 喜 | 活 | エ | 編 | ハ | 喜 |
| み | ゲ | 河 | 球 | 喜 | 狩 | ー | ラ | 星 | 惑 | 小 | 動 | 魔 | シ | 真 |

| | |
|---|---|
| 小惑星 | 天文台 |
| 宇宙飛行士 | 惑星 |
| 天文学者 | 放射線 |
| ロケット | 衛星 |
| 星座 | 超新星 |
| 春分 | 望遠鏡 |
| 銀河 | 地球 |
| 重力 | 宇宙 |
| 流星 | |

# 62 - Tiempo

味り物写びカレンダーエ画絵時ズ
撮ムムダり影リ法撮編クキパ間興
興レンイ釣陶真朝夜プダー瞬ゃび
シび猟ズラク影品年グ活ズラ絵び
活猟狩ャ興影物画び十ンプ真撮ハ
み陶魔芸釣ハラ興喜び月み品ル
物興法法イ魔グ絵釣キ真前りグみ
活ム昨日撮ダシ園絵陶園画絵釣真
ャゼ絵釣ラレ写プ狩猟り陶陶ル
ルレ週イク陶編リプキレゲびダ狩
プラゼ芸読品絵ジ喜喜真み狩昼写
世紀リ釣書ング喜釣喜釣画陶昼芸
読ジ画魔影味未通画ダ分味興芸グ
ラ品グび魔グ来年レンシ工喜画ダ
物イ芸ゲ絵り動絵動日今喜活時計

| | |
|---|---|
| 通年 | 時間 |
| 昨日 | 今日 |
| カレンダー | 一瞬 |
| 十年 | 時計 |
| 未来 | 世紀 |

# 63 - Paisajes

```
半 喜 陶 ツ ラ グ ー ン 喜 洞 シ ク ク 法 湖
ラ 島 エ ン レ ル 品 ビ 窟 陶 ハ プ 釣 書
ル 釣 キ ド 動 狩 狩 レ 河 ー 写 ハ 読 ゼ 園
真 園 活 ラ ゲ 園 イ 山 口 ハ チャ 氷 クャ
オ ア シ ス ム ル ク 火 写 リ 喜 撮 物 山 読
興 間 欠 泉 海 パ 真 興 ゲ 陶 影 画 法 谷
グ 物 撮 ク び ズ 真 ル ル 撮 ゼ 真 品 リ 喜
リ エ キ 撮 味 び ク パ ゼ 味 川 物 活 読 写
品 魔 滝 真 動 イ 真 味 ジ 書 工 島 ル ダ 書
ル び 書 影 魔 喜 写 氷 園 ラ 写 ラ ル ズ り
真 影 興 シ ズ パ 芸 河 沼 画 陶 グ 画 影 ダ
り ゲ 釣 ル 読 釣 読 ン 活 ン 真 ラ ダ 品 ゲ
シ 書 喜 芸 レ 狩 影 ズ イ ラ 活 ハ 影 品 画
絵 ン 物 ハ ャ 画 ズ キ ジ ラ 品 真 絵 撮
り 魔 魔 ズ 猟 ダ 猟 編 品 喜 編 猟 砂 漠 ズ
```

| | |
|---|---|
| 洞窟 | ラグーン |
| 砂漠 | オアシス |
| 河口 | 半島 |
| 間欠泉 | ビーチ |
| 氷河 | ツンドラ |
| 氷山 | 火山 |

# 64 - Días y Meses

真 品 釣 シ 芸 カ 法 月 リ 園 ャ 芸 園 読 六
活 り 撮 猟 ゲ レ 七 曜 書 プ 十 一 月 品 月
物 プ グ グ ジ ン 行 ル ル 日 真 動 ル 品 キ
釣 興 読 狩 狩 ダ 猟 進 イ 曜 曜 ズ イ エ エ
り 狩 ゲ り 品 ー 真 陶 絵 木 シ 金 陶 プ ム
ジ リ 八 月 火 バ 活 法 り 喜 ダ ー 品 年 ラ
ゲ ジ み イ 曜 ン ゲ 動 ル 芸 キ 写 ハ リ ク
パ 釣 月 物 日 テ 絵 ゼ 書 ダ ク リ エ プ 釣
味 イ び プ ャ プ 品 パ ゼ ー プ 写 影 喜 イ
土 曜 日 曜 水 セ プ 喜 ン 五 ン ハ ク 画 ク
品 園 週 撮 プ 日 ダ 狩 ゼ 月 二 ゼ ハ 狩 イ
陶 び ジ ャ 動 曜 ゼ 味 エ イ プ リ ル 物 ラ
魔 写 物 び 読 日 レ 喜 イ ル ズ 影 芸 ジ み
シ 狩 園 ラ ク ハ 活 ム 真 釣 ー 法 ジ 編 真
キ ン 書 ハ 撮 ー 興 び ラ シ 法 法 物 プ 物

| | |
|---|---|
| エイプリル | 火曜日 |
| 八月 | 行進 |
| カレンダー | 五月 |
| 日曜日 | 水曜日 |
| 二月 | 十一月 |
| 木曜日 | 土曜日 |
| 七月 | セプテンバー |
| 六月 | 金曜日 |
| 月曜日 | |

# 65 - Biología

書ャプ活物影法興リグルラ突興り
神経酵興真陶品ナチュラル然ジ喜
解物素物パジ胚グ法物画ク変書ム
書剖芸興物染色体シパ動撮異パ写
プび学写品真グ猟ナゼ興品哺乳類
釣ル影猟ジーグ編プ影リダラ編虫
活書ラ喜ゼ真絵写ス光合成園園爬
書画撮ル魔ルゼエ物ダ影魔興陶写
読シ物ホ味ゼ書味芸り画り影猟興
共グパル浸透味書興ル影ズ質猟魔
法生喜モ撮法真撮ハイパンク細プ
味ンダンロー\ュニハ興ハ編パ猟菌
品ーン編写ゲ園釣コラーゲン真活
釣リ動影ラズダ芸ル狩細みタ進化
り読ラ園園影撮り味活胞猟シハ釣

| | |
|---|---|
| 解剖学 | 突然変異 |
| 細菌 | ナチュラル |
| 細胞 | 神経 |
| コラーゲン | ニューロン |
| 染色体 | 浸透 |
| 酵素 | タンパク質 |
| 進化 | 爬虫類 |
| 光合成 | 共生 |
| ホルモン | シナプス |
| 哺乳類 | |

# 66 - Jardinería

```
フ ロ ー ラ ル 葉 ム レ 法 キ 動 ム 気 び グ
り レ 動 ル ム ズ 泥 狩 り 容 り ー 候 ル ル
ズ 品 シ 法 ズ シ ム 興 法 器 シ ー 読 喜 編
猟 び 魔 狩 ラ み 編 影 ラ 釣 画 パ 魔 編 ハ
読 編 園 み レ 魔 エ ム ゼ ダ 季 喜 ゼ ー ジ
ャ グ 芸 ャ パ ハ 法 画 水 堆 節 ル 園 ゲ ー
ャ 水 シ ラ ク 動 土 魔 パ 肥 影 写 ラ 動 み
ダ 書 分 り 狩 法 ダ エ み 食 品 エ 読 イ 品
撮 び 陶 影 ダ 法 活 ダ グ 用 み リ イ 動 絵
エ エ グ パ ム り び ル リ ン 束 オ 品 キ ャ
ダ 喜 芸 書 ー リ イ 釣 び 画 花 ー り み み
リ プ ク ム ム 動 種 ジ 動 ゼ 園 チ リ ー エ
エ キ ゾ チ ッ ク 子 真 真 ル ル ャ 動 レ 興
ゼ び 狩 ン 法 レ 味 ジ 書 ム ス ー ホ 魔 ラ
り 釣 ム 植 物 写 書 物 真 芸 狩 ド 魔 ダ イ
```

| | |
|---|---|
| 植物 | フローラル |
| 気候 | オーチャード |
| 食用 | 水分 |
| 堆肥 | ホース |
| 容器 | 花束 |
| 季節 | 種子 |
| エキゾチック | |

# 67 - Chocolate

| | | | | | | | | | | | | | |
|---|---|---|---|---|---|---|---|---|---|---|---|---|---|
| 甘 | ハ | ピ | シ | レ | ハ | プ | 味 | イ | ラ | ジ | り | ゲ | 画 | 絵 |
| い | ム | ー | パ | ズ | 陶 | 陶 | 芸 | 興 | 法 | び | 園 | 味 | び | み |
| 興 | ク | ナ | 動 | シ | 陶 | 興 | グ | グ | 魔 | 釣 | 画 | ャ | プ | 興 |
| 撮 | ー | ッ | 書 | 職 | 人 | ル | コ | コ | ナ | ッ | ツ | 真 | 影 | 物 |
| グ | 書 | ツ | チ | パ | ジ | 編 | び | ゲ | レ | 園 | プ | 写 | 書 | レ |
| 物 | 動 | 園 | 真 | ゾ | 猟 | パ | キ | イ | キ | ン | 陶 | 影 | 動 | 絵 |
| カ | ラ | メ | ル | 品 | キ | イ | 芸 | 真 | リ | 法 | 真 | グ | り | 物 |
| 品 | 粉 | 魔 | ジ | 味 | 質 | エ | 成 | 分 | 画 | ラ | 画 | シ | エ | カ |
| ゼ | エ | 編 | 書 | 写 | ク | 品 | ハ | 読 | 写 | 陶 | ダ | パ | 写 | カ |
| 酸 | 化 | 防 | 止 | 剤 | 砂 | 糖 | 美 | パ | 味 | 芸 | 読 | イ | 法 | オ |
| エ | ャ | エ | ー | 釣 | 興 | エ | 味 | ン | ル | 芸 | プ | 撮 | び | リ |
| お | 気 | に | 入 | り | 香 | 芸 | し | ジ | 味 | 撮 | 写 | カ | エ | み |
| 編 | 撮 | 動 | 陶 | ャ | 真 | 味 | い | び | プ | み | キ | ロ | 苦 | い |
| グ | ジ | ゼ | リ | ゼ | 品 | 法 | シ | 喜 | プ | み | 撮 | リ | レ | 園 |
| ハ | 書 | 物 | ダ | ゼ | ハ | エ | グ | プ | 絵 | ゲ | 芸 | ー | ダ | 品 |

苦い
酸化防止剤
香り
職人
砂糖
ピーナッツ
カカオ
品質
カロリー

カラメル
ココナッツ
美味しい
甘い
エキゾチック
お気に入り
成分
レシピ

# 68 - Barbacoas

```
音 影 味 り グ 釣 ツ 喜 プ 絵 レ 品 ャ 動 プ
動 楽 法 ジ キ リ ー 読 ゼ 書 ゼ ゼ ム び ム
狩 編 ゲ 子 塩 リ ル ジ 喜 芸 園 び 喜 書 動
飢 餓 ー 供 り み フ グ ク 写 レ 動 写 撮 サ
リ 法 ム 達 ラ ハ ル グ ズ 園 ズ ズ 編 ハ ラ
画 ラ ズ 釣 エ キ 喜 キ 画 ダ ゲ プ ジ 画 ダ
編 魔 動 ダ ハ ラ 絵 コ シ ョ ウ ャ 狩 喜 物
み 撮 み り ゼ ク ラ ハ 魔 タ シ レ イ 写 編
編 グ 絵 キ 写 ー ズ 喜 品 食 真 ダ ム 魔 狩
物 撮 魔 編 ソ ャ 写 法 ゲ グ 撮 画 グ 園 真
ゼ ラ ン チ ー 狩 リ ダ ー 写 ル ナ 写 ゼ 活
真 猟 真 キ ス 撮 家 族 物 夏 び イ ャ 法 ム
味 パ ル 魔 チ ャ ー ゼ ル ダ ゼ フ 野 菜 書
ム 猟 ラ プ び 撮 喜 活 動 リ レ ル 影 魔 喜
ジ ク 読 影 玉 ね ぎ 猟 絵 キ ト マ ト ッ ホ
```

| | |
|---|---|
| ランチ | ゲーム |
| ホット | 音楽 |
| 玉ねぎ | 子供達 |
| 夕食 | グリル |
| ナイフ | コショウ |
| サラダ | チキン |
| 家族 | ソース |
| フルーツ | トマト |
| 飢餓 | 野菜 |

# 69 - Ropa

| | | | | | | | | | | | | | |
|---|---|---|---|---|---|---|---|---|---|---|---|---|---|
| 撮 | キ | 活 | 味 | り | ジ | 品 | 喜 | プ | ゼ | ダ | 真 | 編 | 画 | み |
| 狩 | 味 | 編 | 興 | 園 | 編 | マ | 品 | 書 | ー | 園 | 手 | 撮 | 品 | 写 |
| び | 動 | ハ | り | パ | ツ | ャ | シ | ゲ | ー | 魔 | パ | 袋 | 狩 | 写 |
| 絵 | イ | ト | ル | イ | ダ | ジ | 物 | 絵 | 写 | ラ | ジ | ー | ル | 書 |
| ブ | 画 | ー | シ | 写 | み | パ | 芸 | 画 | プ | み | ハ | 興 | ク | ン |
| レ | レ | カ | リ | ベ | 書 | ン | ロ | プ | エ | ダ | ー | 書 | サ | ジ |
| キ | び | ス | レ | ド | ル | ツ | フ | ァ | ッ | シ | ョ | ン | ダ | び |
| ク | 法 | 喜 | レ | 画 | 影 | ト | ッ | ケ | ャ | ジ | ス | 真 | ダ | キ |
| シ | ン | 興 | 芸 | ッ | 味 | ジ | ジ | 魔 | 喜 | 興 | カ | 芸 | ル | ゲ |
| エ | グ | 靴 | ネ | リ | ト | ジ | ブ | ラ | ウ | ス | ー | 書 | ゲ | 魔 |
| 魔 | 撮 | 味 | ッ | ジ | ー | ュ | 画 | 撮 | び | ン | フ | 読 | グ | ャ |
| 影 | 猟 | 書 | ク | ハ | コ | エ | 帽 | 子 | 味 | エ | ハ | 味 | リ | ン |
| ー | り | レ | 物 | 狩 | リ | 猟 | 真 | 法 | 物 | キ | 真 | 猟 | ャ | ー |
| 陶 | ク | み | ス | 法 | ハ | ー | タ | ー | セ | 真 | ム | ハ | 写 | キ |
| み | 動 | 動 | グ | 書 | 絵 | ン | み | ハ | ハ | み | り | 猟 | 書 | キ |

| | |
|---|---|
| コート | ジュエリー |
| ブラウス | ファッション |
| スカーフ | パンツ |
| シャツ | パジャマ |
| ジャケット | ブレスレット |
| ベルト | サンダル |
| ネックレス | 帽子 |
| エプロン | セーター |
| スカート | ドレス |
| 手袋 | |

# 70 - Meditación

沈 興 ラ み パ 狩 ゼ 真 芸 品 活 興 キ 書 パ
黙 撮 法 み ク 読 イ ゲ 芸 芸 写 動 き 注 意
画 ャ ム ジ レ 親 切 び キ ジ び 撮 明 品 園
編 絵 エ 読 ジ 魔 興 ジ ジ プ ー 快 ダ 観
物 真 興 ン レ 画 ー 喜 み 陶 園 法 プ レ 察
ハ ラ ル エ 法 陶 読 喜 活 び 画 絵 ジ み
ハ 物 釣 活 ハ 活 パ レ 味 プ キ ズ ジ ク
編 び シ 自 平 感 ー メ プ タ 音 キ ン ン
絵 真 影 然 和 写 情 ン ズ ル 楽 画 ン
マ イ ン ド 喜 ゼ 画 ス 狩 ズ 法 真 物
思 ゲ 園 園 受 入 れ ダ 姿 プ 感 陶 喜
考 影 芸 呼 園 思 ゼ 影 勢 法 テ 習 レ
読 絵 喜 吸 魔 り い み 物 シ 読 ィ 慣 キ
エ ム ズ リ 写 ジ 喜 や 興 喜 釣 ム ー ブ 味
リ ャ り 興 写 ゲ 猟 ー り プ ー 猟 び 興 ー

受け入れ　　　　　動き
注意　　　　　　　音楽
親切　　　　　　　自然
明快　　　　　　　観察
思いやり　　　　　平和
感情　　　　　　　思考
感謝　　　　　　　パースペクティブ
習慣　　　　　　　姿勢
メンタル　　　　　呼吸
マインド　　　　　沈黙

| | | | | | | | | | | | | | |
|---|---|---|---|---|---|---|---|---|---|---|---|---|---|
| 興 | ユ | 読 | グ | ラ | 悲 | 動 | 著 | シ | リ | ー | ズ | ン | エ | 画 |
| ジ | ー | ペ | ゲ | 写 | 劇 | リ | 者 | リ | 芸 | ャ | 魔 | グ | リ | パ |
| り | モ | エ | 品 | ジ | 的 | 動 | 読 | ゲ | エ | ン | 撮 | 法 | 画 | プ |
| ジ | ラ | レ | ハ | 絵 | 言 | 葉 | 動 | 撮 | 画 | 陶 | ゼ | イ | 芸 | 陶 |
| 喜 | ス | 喜 | ハ | ー | 撮 | 書 | 狩 | プ | ム | エ | ャ | ャ | 冒 | パ |
| ナ | 歴 | 発 | 明 | 読 | 読 | ズ | ラ | 喜 | ラ | ピ | ム | 編 | 険 | ゼ |
| レ | 史 | ダ | ム | 編 | 味 | 動 | 読 | 物 | ッ | び | パ | 読 | 動 | |
| ー | 的 | 文 | ャ | び | グ | 書 | 書 | ズ | ム | ク | パ | ダ | レ | 撮 |
| タ | み | 編 | 学 | 物 | 影 | か | 関 | 詩 | 芸 | 書 | 撮 | ム | キ | キ |
| ー | 魔 | 陶 | レ | 写 | 動 | れ | 連 | ス | ト | ー | リ | ー | び | グ |
| ル | み | み | 物 | グ | エ | た | す | び | パ | ャ | レ | 動 | リ | ジ |
| 編 | り | イ | 猟 | み | ズ | ラ | る | コ | レ | ク | シ | ョ | ン | 真 |
| 読 | ゼ | び | ニ | 重 | 性 | 狩 | 喜 | パ | イ | ラ | シ | み | 読 | 動 |
| ン | ラ | 画 | 動 | 品 | り | ム | 影 | 小 | ラ | ン | ゲ | 真 | イ | 猟 |
| み | ゲ | 写 | プ | 芸 | 品 | ル | み | ゼ | 説 | 物 | 真 | プ | 猟 | ー |

著者
冒険
コレクション
二重性
エピック
書かれた
ストーリー
歴史的
ユーモラス
発明

読者
文学
ナレーター
小説
言葉
ページ
関連する
シリーズ
悲劇的

# 72 - Los Medios de Comunicación

```
ロ テ レ ビ ズ 編 リ ダ 撮 物 プ ハ ズ ハ ハ シ
ズ ー 公 共 味 ズ 法 み ャ イ 書 り り ジ オ シ
ム ャ カ キ り 物 通 信 デ ジ タ ル 新 オ ン 魔
キ 絵 ル ル 読 ン 法 動 ズ 興 ジ 撮 聞 ン ラ 意
ラ 法 知 ダ 狩 猟 み ズ 品 ラ グ 写 物 リ イ 見
画 ジ 的 ャ 真 芸 グ り レ 陶 写 釣 芸 ン ン 影
喜 撮 オ 編 ラ イ ダ 魔 教 写 レ パ び エ 真 絵
ン 工 影 パ シ ズ ー り 育 プ ゼ 商 法 イ キ ラ
通 信 網 ハ 撮 グ ム 読 興 ン 狩 業 ャ ン 喜 活
読 喜 撮 法 ゼ ー ズ 雑 誌 書 資 業 界 キ び ン
編 撮 読 ル リ グ ズ 画 撮 写 金 業 喜 事 態 興
パ ル 狩 シ 画 レ 絵 編 動 調 写 事 び 実 度 ム
キ レ 法 リ 影 芸 書 プ 読 ゲ 達 写 実 影 み ダ
味 猟 動 み パ ジ ラ ゼ り プ ゲ リ 影 度 書 み
プ リ 版 ダ 味 ハ 物 味 ラ み び ム ジ 書 リ リ
```

| | |
|---|---|
| 態度 | 知的 |
| 商業 | ローカル |
| 通信 | 意見 |
| デジタル | 新聞 |
| 教育 | 公共 |
| オンライン | ラジオ |
| 資金調達 | 通信網 |
| 写真 | 雑誌 |
| 事実 | テレビ |
| 業界 | |

興 り エ キ 真 キ ム ン カ ロ リ ー り ゼ 釣
法 猟 り ジ 陶 絵 キ ー ル グ 品 興 園 ジ 真
ク 喜 影 読 炭 猟 法 ソ 活 物 キ 写 ハ 活 狩
み ク 品 ダ ゲ 水 読 ー ダ ャ 習 元 気 ズ ル
芸 タ ン パ ク 質 化 ス イ ハ 慣 味 健 書 ク
喜 絵 ミ 絵 り 品 パ 物 エ び 狩 ゼ 康 ン レ
ー イ タ 編 法 魔 書 シ ッ 書 撮 法 魔 び 書
用 ャ ビ ク 発 工 興 み ト ル プ 法 ム ク 興
食 ズ 苦 ム 酵 読 影 読 ジ レ 狩 狩 ハ ズ 喜
喜 欲 い グ 猟 ラ 魔 グ 絵 グ ム ゼ 影 ジ ゲ
絵 ゲ 書 陶 ゼ リ ゼ 狩 動 喜 バ 釣 活 猟 活
芸 ャ エ ム 編 重 毒 素 消 化 ラ ダ 工 園 シ
ン 書 興 ハ 画 さ 真 養 陶 ル ン ジ り 狩 シ
釣 絵 ゲ 猟 猟 ル ム 栄 撮 猟 ス エ ラ 芸 シ
編 工 品 法 シ 園 芸 釣 ャ パ ダ 味 み り 真

| | |
|---|---|
| 苦い | 習慣 |
| 食欲 | 栄養素 |
| 品質 | 重さ |
| カロリー | タンパク質 |
| 炭水化物 | ソース |
| 食用 | 健康 |
| ダイエット | 元気 |
| 消化 | 毒素 |
| バランス | ビタミン |
| 発酵 | |

# 74 - Edificios

一喜猟ラク喜イキルダレ興リ画ジ
品真キル動トりルムジルム納屋キみ
猟園パシ陶ッ動ーゼアラグ法園み
園喜活シりケ影ー園魔ジ画シャダ
ル園ーゼネー興エレレ書ターキダ
博物館工法マャみ芸ラ撮ホステル
ム物ー場編ー研味シ釣劇場農物ホ
ズ編ゼ狩影パ究陶影動釣絵活ゼテ
興ャキ喜魔ー室城キ撮喜絵大画ル
びシ絵ラ読ス編ルム読ン写使書ー
病院学校ャジ興物書狩じび館ル芸
ガラ大グり味物読猟味味書芸真影
影レパググ天芸書喜書りレ撮ゼエ
陶興ーワタ文パムキ読りリ真画ジ
活ゲ猟ジ狩台アパートジダ活品ー

| | |
|---|---|
| ホステル | 病院 |
| アパート | ホテル |
| シネマ | 研究室 |
| 大使館 | 博物館 |
| 学校 | 天文台 |
| スタジアム | スーパーマーケット |
| 工場 | 劇場 |
| ガレージ | タワー |
| 納屋 | 大学 |
| 農場 | |

# 75 - Océano

| ラ | び | リ | び | ク | 物 | ク | 画 | 影 | 味 | キ | ツ | シ | ャ | 嵐 |
|---|---|---|---|---|---|---|---|---|---|---|---|---|---|---|
| 法 | 書 | 興 | ー | 絵 | び | 鯨 | 影 | エ | ビ | 狩 | ナ | ル | イ | 編 |
| 読 | 物 | 書 | 法 | フ | シ | キ | 絵 | 撮 | プ | 猟 | 味 | 動 | 猟 | 園 |
| ダ | ト | ゲ | ゼ | 書 | レ | 園 | 読 | 動 | 動 | 法 | レ | ゲ | 画 | 喜 |
| コ | ー | ラ | ル | み | 読 | ジ | ル | ジ | 魔 | イ | リ | グ | ャ | リ |
| 藻 | ボ | ク | 真 | 魔 | ン | 影 | リ | 影 | レ | 魔 | 猟 | プ | 狩 | パ |
| ズ | ズ | 味 | 編 | 味 | ズ | 書 | ゲ | ー | 物 | 釣 | プ | ズ | 塩 | 編 |
| ジ | 書 | ハ | キ | カ | 狩 | ク | リ | ゼ | ル | 撮 | 喜 | グ | ン | 読 |
| ニ | ゼ | 写 | 魚 | メ | シ | た | こ | 絵 | プ | ャ | 撮 | 活 | ン | う |
| カ | ン | リ | ャ | ー | 撮 | ジ | 芸 | ム | ク | 鮫 | リ | イ | 芸 | な |
| ル | キ | 画 | ダ | ハ | 絵 | 興 | 読 | ズ | ク | 撮 | 撮 | シ | 撮 | ぎ |
| イ | 動 | ー | 法 | ゲ | ジ | 活 | 喜 | 影 | レ | ス | び | り | 陶 | ム |
| 魔 | エ | ハ | 写 | 潮 | 汐 | ハ | び | ー | 絵 | ポ | 真 | ゲ | 興 | パ |
| ゼ | 法 | エ | 書 | キ | ム | ム | 画 | ー | り | ン | イ | ク | ズ | 撮 |
| ク | 陶 | 絵 | レ | 読 | 書 | 釣 | り | ズ | 真 | ジ | 猟 | グ | ム | リ |

| | |
|---|---|
| うなぎ | イルカ |
| リーフ | スポンジ |
| ツナ | 潮汐 |
| ボート | クラゲ |
| エビ | カキ |
| カニ | たこ |
| コーラル | カメ |

# 76 - Ciudad

| ム | 猟 | ト | 写 | ダ | プ | 芸 | 店 | 興 | プ | ベ | 編 | 絵 | 狩 | ダ |
|---|---|---|---|---|---|---|---|---|---|---|---|---|---|---|
| パ | 釣 | ッ | ゲ | び | ラ | 動 | ダ | 狩 | レ | ジ | ー | 診 | 療 | 所 |
| パ | 興 | ケ | ゼ | 読 | 書 | 釣 | 空 | 港 | 陶 | 活 | 猟 | カ | 法 | ク |
| エ | 活 | ー | 編 | 陶 | ラ | 園 | プ | 品 | 編 | ン | 絵 | 書 | リ | 釣 |
| 品 | イ | マ | び | 喜 | ホ | ハ | 喜 | ギ | 大 | 学 | 興 | 書 | リ | ー |
| 撮 | 魔 | ー | シ | 学 | 校 | テ | ダ | ャ | 銀 | 行 | シ | 動 | 物 | 園 |
| ダ | 博 | パ | グ | 花 | ダ | ク | ル | ラ | 編 | ダ | ネ | び | グ | 絵 |
| グ | 物 | ー | 喜 | 画 | 屋 | 活 | 法 | リ | 劇 | 場 | マ | プ | シ | キ |
| 編 | 館 | ス | タ | ジ | ア | ム | 芸 | ー | 物 | 書 | 店 | 真 | 写 | 興 |
| 猟 | ー | ジ | 絵 | 芸 | キ | シ | 釣 | 読 | 読 | 撮 | エ | ル | ゼ | み |
| 図 | 物 | 狩 | プ | 活 | み | 芸 | 動 | プ | 園 | 芸 | 園 | 絵 | 読 | シ |
| 書 | 興 | 画 | 興 | 編 | 影 | 影 | 法 | 書 | 物 | 絵 | ダ | イ | ゼ | 書 |
| 館 | び | 釣 | 興 | シ | グ | 味 | ラ | 真 | 猟 | 写 | 芸 | ゲ | 狩 | 薬 |
| シ | シ | 編 | 影 | 園 | ー | 動 | イ | 品 | グ | 法 | プ | シ | 書 | 局 |
| 法 | ル | 狩 | び | プ | エ | 市 | 場 | プ | リ | プ | 絵 | 芸 | イ | ハ |

| | |
|---|---|
| 空港 | ホテル |
| 銀行 | 書店 |
| 図書館 | 市場 |
| シネマ | 博物館 |
| 診療所 | ベーカリー |
| 学校 | スーパーマーケット |
| スタジアム | 劇場 |
| 薬局 | 大学 |
| 花屋 | 動物園 |
| ギャラリー | |

# 77 - Agronomía

```
編 ハ ャ イ グ 撮 絵 喜 魔 真 撮 物 読 ゼ キ
真 リ 品 エ 興 ゲ イ び 撮 ャ 書 勉 ン ダ み
リ 魔 味 物 ネ 園 び ズ 有 興 法 味 強 プ 法
び ル ハ 影 魔 ル ゼ 釣 機 野 狩 味 猟 り
環 境 シ ス テ ム ギ 物 ャ リ ダ 写 絵 ゼ 編
芸 編 プ ル 活 ダ 品 ー 品 ン 農 業 芸 物 ン
田 イ ャ ズ 味 み イ 汚 狩 書 パ 喜 キ 猟
ゲ 舎 リ 興 狩 レ 肥 染 種 子 科 陶 び 侵 食
絵 ク ラ プ 写 水 料 活 園 み 学 狩 び エ り
リ 成 長 園 ル 興 ダ 病 狩 絵 態 り 画 み ジ
ゲ 撮 キ ハ 画 り 写 気 撮 味 生 活 撮 イ 狩
陶 真 び み 動 狩 活 植 物 プ 法 味 生 プ ン
猟 狩 釣 活 書 ズ 持 続 可 能 陶 プ 産 ム 魔
園 法 ジ 写 グ 真 キ 画 釣 エ ラ イ ム 味 法
陶 グ グ み 味 絵 シ ラ ゲ シ ズ 狩 真 レ エ
```

| | |
|---|---|
| 農業 | 環境 |
| 科学 | 有機 |
| 汚染 | 植物 |
| 成長 | 生産 |
| 生態学 | 田舎 |
| エネルギー | 種子 |
| 病気 | システム |
| 侵食 | 持続可能 |
| 勉強 | 野菜 |
| 肥料 | |

| 味 | エ | ダ | 物 | 動 | 魔 | 法 | シ | 猟 | ゲ | 芸 | 野 | リ | 撮 | ゼ |
| 工 | 芸 | リ | バ | ス | ケ | ッ | ト | ボ | ー | ル | 球 | ラ | レ | イ |
| キ | 活 | 絵 | ズ | 園 | み | 味 | ゲ | 写 | カ | 活 | り | ッ | 真 | イ |
| 動 | グ | 写 | 画 | ボ | ク | シ | ン | グ | ッ | 写 | ク | ジ | リ |
| ダ | 読 | ゼ | 法 | ム | ダ | ラ | 絵 | イ | サ | テ | 読 | ス | 園 | 法 |
| ズ | 法 | ハ | イ | キ | ン | グ | 釣 | 園 | 芸 | ニ | 動 | 編 | ハ | 法 |
| プ | 魔 | 写 | シ | 水 | ィ | ン | ー | り | ジ | ス | ア | ー | 味 | キ |
| 釣 | 書 | キ | リ | 泳 | フ | シ | ゴ | ル | フ | 興 | み | ー | 法 | 園 |
| み | ャ | ム | 味 | 芸 | ー | ー | レ | ー | パ | 読 | び | 法 | ト | 絵 |
| 読 | 喜 | ゼ | 撮 | り | サ | レ | イ | ボ | レ | ダ | イ | ビ | ン | グ |
| ク | レ | ク | み | ハ | り | ズ | 芸 | ー | 画 | 影 | 園 | ク | 書 | キ |
| ン | ダ | グ | 味 | 猟 | 動 | 芸 | ク | レ | キ | ル | ー | 趣 | 編 | ャ |
| ク | 画 | 魔 | 釣 | 釣 | 工 | 撮 | 味 | バ | 読 | 物 | キ | 味 | ハ | ン |
| ゼ | 絵 | ャ | 法 | ゼ | 書 | ャ | 編 | ズ | 真 | 物 | 画 | 編 | 味 | プ |
| 釣 | 釣 | 釣 | 魔 | リ | 写 | 魔 | 動 | 旅 | 行 | イ | 魔 | シ | 読 | ハ |

| | |
|---|---|
| 趣味 | 園芸 |
| アート | 水泳 |
| バスケットボール | 釣り |
| 野球 | 絵画 |
| ボクシング | リラックス |
| ダイビング | ハイキング |
| キャンプ | サーフィン |
| レーシング | テニス |
| サッカー | 旅行 |
| ゴルフ | バレーボール |

# 79 - Ingeniería

```
シ ラ 狩 釣 建 陶 絵 絵 エ ャ 釣 ハ キ ク ハ
興 り 動 喜 ー 設 猟 ー ネ ン 狩 ン 喜 レ
リ 品 書 園 び ラ 構 造 ル り 品 エ ジ パ 物
ズ 真 み ダ 書 芸 猟 シ ギ ゲ 園 キ 味 真 味
味 プ 陶 角 陶 編 ム 興 ー 物 撮 興 工 書 ジ
プ 絵 品 度 ゲ 画 品 シ 興 真 喜 リ 品 釣 魔
物 ル グ 物 陶 ハ 絵 り 狩 品 ャ 動 ン 興 推
モ ゼ ャ り ゼ ャ 図 キ 液 体 ゼ 摩 擦 み 進
ム ー 物 深 陶 性 直 径 ャ ム ゲ 興 活 喜 ゲ
品 ィ タ さ 測 定 ラ シ 撮 リ り エ ー 影 グ
ゲ デ 絵 ー 興 安 プ 釣 ジ 真 芸 品 撮 真 読
ダ 真 グ バ ゼ 陶 興 喜 ン 工 釣 絵 ル 読 ン
ズ 分 機 レ 真 芸 ぜ び 真 釣 撮 シ 写 ン 活
び 布 械 強 芸 軸 レ ー パ 動 ジ ン 計 算
真 編 味 リ エ 写 物 絵 ン 動 ゼ ジ シ エ 影
```

| | |
|---|---|
| 角度 | 摩擦 |
| 計算 | 強さ |
| 建設 | 液体 |
| 直径 | 機械 |
| ディーゼル | 測定 |
| 分布 | モーター |
| エネルギー | レバー |
| 安定性 | 深さ |
| 構造 | 推進 |

# 80 - Comida #1

グキ物影興法読グ読狩品みゼ写書
物ラ釣写ル喜ムズ猟動ジ狩ゲびャ
ンク撮喜ジュース興絵オサ玉ム真
読ル影真バ園グ猟ハルオラ葱ダゲ
り書法ムイ動芸イジ編オパ動リャ
ャエび興猟影編動物味ムエハャジ
ゼクジレ活魔真魔ジ編ギキ芸狩グ
ゲルニモ砂ほうれん草撮ミツーラ
影ミみン糖真ズ猟法品狩トレ興ク
プゲ写モニス塩カブ真イラルク動
芸びレナ書猟イ真物活ムル陶動絵
品喜びシクプ物苺興イ喜芸動肉工
魔にんじんり書喜撮ル絵パ影書書
狩エ魔グイ真ン品ン絵パ陶書釣味
狩シ園ゼみ園絵みグズプパ影釣味

ニンニク          ほうれん草
バジル            ジュース
ツナ              ミルク
砂糖              レモン
シナモン          ミント
オオムギ          カブ
玉葱              スープ
サラダ            にんじん

# 81 - Antigüedades

```
ズ 絵 エ 絵 ル プ 園 競 真 グ 興 園 世 ス ル
パ 書 レ 数 十 年 ャ 陶 売 撮 ン 読 紀 タ 芸
イ ゼ ガ 猟 ハ ム 写 編 喜 影 装 紀 イ ダ パ
復 読 ン イ コ ハ 釣 ル 陶 イ 活 飾 ル ク 活
元 ゲ ト ク リ 動 真 パ ク ャ 品 影 ッ ル 活
興 芸 ー リ エ ュ ジ グ ギ 真 園 グ プ ゼ ゲ
ジ 物 ア リ 興 グ 物 ゼ 狩 真 品 ィ り 動
ジ 珍 ル パ 猟 ャ 狩 画 編 真 ラ 狩 テ 魔 影
ャ し ダ 真 芸 狩 物 興 ル ズ リ ン 彫 喜
絵 い 狩 影 家 具 ズ み 狩 ゼ 喜 セ 刻 読
キ 古 ジ ー び 法 リ レ 喜 狩 ラ ー オ ャ
ラ キ 品 グ 釣 ャ 品 真 プ 品 ダ 猟 投 資 ハ
パ ハ 法 画 味 絵 工 質 ゼ 魔 グ ル 釣 影 グ
値 ー 価 り み り ー イ シ び 芸 魔 写 ゼ レ エ
園 格 釣 絵 ジ 真 芸 グ ハ 活 グャ プ 釣
```

アート　　　　　　　　投資
オーセンティック　　ジュエリー
品質　　　　　　　　　コイン
装飾　　　　　　　　　家具
数十年　　　　　　　　価格
エレガント　　　　　　復元
彫刻　　　　　　　　　世紀
スタイル　　　　　　　競売
ギャラリー　　　　　　古い
珍しい

# 82 - Literatura

```
狩 比 ム 韻 比 ハ 魔 ゼ ジ 分 絵 ダ 物 絵 動
類 推 較 読 喩 興 動 ラ 析 品 ル 活 興 レ
ン 撮 ゼ ハ 興 ダ ゲ 興 エ 喜 ゲ 影 釣 画
画 芸 ラ 品 絵 魔 書 ゼ 園 説 ハ 芸 エ ャ
釣 ラ 猟 プ み ジ イ ダ び 明 プ 猟 読 ャ
味 グ 物 写 パ グ キ リ び び 動 リ 猟 ズ
活 活 喜 ー 動 シ 品 ダ ダ 喜 書 ズ 釣
リ 陶 ン ダ 絵 み 真 パ 結 伝 記 ム 画 ゲ
ズ パ シ 動 み イ 劇 ラ 論 読 影 ハ ダ 活
喜 イ 法 読 り 悲 リ 逸 書 グ ゼ 陶 び 真
フ ィ ク シ ョ ン 著 者 話 テ ジ 小 説 ム リ
ナ レ ー タ ー 狩 釣 品 ン ー 活 ス 品 イ ク
品 画 リ ズ 動 ゲ ル 真 プ マ ゲ び タ 動 絵
的 プ び 猟 影 イ レ パ プ ダ リ 対 写 イ レ
詩 ク ー 陶 活 り 影 シ ダ 書 プ シ 話 狩 ル
```

類推　　　　　スタイル
分析　　　　　フィクション
逸話　　　　　比喩
著者　　　　　ナレーター
伝記　　　　　小説
比較　　　　　詩的
結論　　　　　リズム
説明　　　　　テーマ
対話　　　　　悲劇

# 83 - Química

| | | | | | | | | | | | | |
|---|---|---|---|---|---|---|---|---|---|---|---|---|
| キ | 編 | 真 | ゼ | 釣 | 法 | 触 | 炭 | 分 | 子 | 絵 | 品 | 味 | リ | み |
| ズ | 読 | キ | 物 | 絵 | パ | 媒 | 味 | 素 | 酵 | 魔 | ム | 読 | ダ | 読 |
| ー | り | ラ | ル | プ | 活 | 酸 | 塩 | 喜 | ラ | ゼ | ー | 編 | リ |
| び | 猟 | ン | ジ | 物 | み | パ | 画 | ル | 絵 | ラ | 熱 | 釣 | 喜 |
| 狩 | エ | リ | ダ | 興 | 芸 | ズ | オ | 魔 | 園 | 写 | ゲ | 影 | 重 | 物 |
| ア | 水 | ゲ | 興 | 陶 | レ | ン | 物 | 編 | 魔 | ズ | ム | ハ | さ |
| ル | 動 | 素 | 喜 | ー | 園 | ダ | 興 | 魔 | 活 | レ | ゲ | 狩 | ズ | ズ |
| カ | 撮 | 編 | エ | 画 | ゲ | 狩 | 影 | 喜 | 液 | 体 | パ | ゼ | ダ | 塩 |
| リ | ー | ガ | み | 釣 | び | 影 | 芸 | レ | び | 編 | 品 | 画 | パ |
| 性 | 興 | ス | 金 | ハ | 読 | ャ | ゲ | エ | グ | 読 | 魔 | 釣 | ズ | ー |
| 園 | ズ | ゲ | 属 | 電 | 子 | イ | ジ | 魔 | 品 | 喜 | プ | 動 | 絵 | ダ |
| び | 魔 | パ | 芸 | ズ | キ | ゲ | 物 | ズ | ム | 品 | 酸 | 反 | 書 | み |
| 核 | 画 | 猟 | 法 | 撮 | ー | 真 | グ | 狩 | 興 | 活 | 素 | 応 | 温 | 書 |
| ズ | 芸 | ダ | 書 | ゼ | 読 | 写 | 狩 | 真 | 画 | グ | 写 | ム | 度 | ン |
| キ | レ | ラ | り | 味 | 動 | 法 | ハ | 読 | 書 | 芸 | 物 | キ | 喜 | ゲ |

アルカリ性
炭素
触媒
塩素
電子
酵素
ガス
水素

イオン
液体
金属
分子
酸素
重さ
反応
温度

# 84 - Gobierno

| | | | | | | | | | | | | | |
|---|---|---|---|---|---|---|---|---|---|---|---|---|---|
| ン | び | 市 | 影 | 狩 | パ | イ | 味 | ハ | ク | 記 | 喜 | ン | レ | 喜 |
| ダ | ラ | 書 | 民 | ジ | 画 | 画 | 園 | ジ | 魔 | 念 | 平 | り | 和 | 物 |
| シ | 影 | 動 | 陶 | プ | ジ | び | ダ | 読 | ン | 碑 | エ | ダ | り | 猟 |
| 政 | 治 | 釣 | ジ | 品 | ン | 絵 | シ | エ | 画 | ハ | 味 | パ | ダ |
| ャ | イ | 芸 | リ | チ | 権 | 利 | 興 | 味 | 品 | ダ | キ | 園 | 園 | 釣 |
| 園 | リ | ー | ダ | ー | ゼ | ル | 写 | 写 | キ | 真 | ジ | 陶 | ハ | ャ |
| 品 | 市 | 民 | 権 | ピ | 動 | 編 | 法 | ー | 独 | ャ | ン | 平 | 等 | 法 |
| 自 | 魔 | り | ハ | ス | シ | ン | ボ | ル | 立 | 真 | 喜 | 撮 | 芸 | 写 |
| 写 | 由 | ン | グ | ダ | シ | び | 釣 | 写 | 画 | ム | 興 | ク | ー | 喜 |
| ダ | ャ | 絵 | ー | ラ | 読 | 状 | ラ | ル | ル | 芸 | ク | 撮 | 影 | ゼ |
| ゼ | グ | ャ | ク | み | ム | 態 | 活 | 憲 | 法 | 編 | 読 | 品 | ズ | 園 |
| 撮 | び | 民 | ラ | 国 | 家 | ゼ | レ | プ | り | ズ | ャ | ゲ | ャ | 猟 |
| 喜 | 釣 | 主 | 撮 | パ | ダ | プ | グ | 味 | 動 | 釣 | 真 | 狩 | 釣 | 編 |
| 議 | イ | 主 | ゼ | 影 | 写 | エ | 興 | 味 | 物 | 陶 | 陶 | 法 | リ | 読 |
| 論 | 物 | 義 | 正 | ズ | 狩 | リ | リ | 絵 | エ | 魔 | エ | 司 | 律 | 釣 |

| | |
|---|---|
| 市民権 | 司法 |
| 市民 | 正義 |
| 憲法 | 法律 |
| 民主主義 | 自由 |
| 権利 | リーダー |
| スピーチ | 記念碑 |
| 議論 | 国家 |
| 状態 | 平和 |
| 平等 | 政治 |
| 独立 | シンボル |

# 85 - Creatividad

```
ジ み グ ル ン ゲ ラ レ グ シ 真 プ 画 動 ャ
エ ビ み シ 絵 び 狩 り 喜 読 リ カ 像 想 読
写 ジ 編 品 芸 グ 自 リ グ 画 グ 活 み 写
ン ョ び プ 真 品 発 編 直 覚 活 強 度 ハ 撮
ャ ン 表 ジ ダ エ ハ ハ 情 感 書 プ 味 パ 絵
ー ョ 現 ク 園 び 影 イ ゼ り 猟 狩 影 み 影
パ シ 陶 ズ 画 真 ン 釣 ル 物 芸 法 書 ク ゼ
ル ー み ム レ 影 写 真 園 陶 イ ゲ ラ 影 編
写 レ 読 ゲ り ゃ 猟 ー グ み ダ 園 ハ 物 喜
影 ピ び 撮 発 読 喜 狩 陶 影 芸 プ ズ 活 パ
キ ス 猟 快 明 活 イ 園 影 ゲ 術 ア 撮 芸 絵
ズ ン ム 流 動 性 パ 編 ス 法 的 劇 イ 魔 ゼ
芸 イ 品 ム 陶 憑 リ ジ ゲ キ 画 的 イ デ 芸
印 象 ー 園 ら 信 喜 猟 釣 グ ル ハ 読 シ ア
陶 パ 魔 ゃ び 法 プ ラ 園 ャ 釣 喜 編 影 ク
```

| | |
|---|---|
| 芸術的 | 画像 |
| 信憑性 | 想像力 |
| 明快 | 印象 |
| 劇的 | インスピレーション |
| 感情 | 強度 |
| 自発 | 直感 |
| 表現 | 発明 |
| 流動性 | 感覚 |
| スキル | ビジョン |
| アイデア | 活力 |

絵 ク 法 ー ム 魔 画 ル ン 読 品 釣 陶 ル プ
温 撮 グ リ ゼ 嵐 ム 園 ャ ラ 絵 プ 猟 レ 法
度 リ 雷 陶 写 ダ プ 釣 魔 絵 極 性 ゲ パ 喜
雲 動 物 グ 品 グ イ 芸 狩 法 ム 喜 り レ ゲ
活 洪 影 ジ 動 ク 竜 巻 ダ 書 動 キ ラ ラ エ
ク 水 エ ル シ 猟 狩 雰 狩 芸 ク 空 び プ ル
画 グ ク 活 リ り 芸 囲 パ 陶 書 ン 味 動 法
ー ジ ル ゼ 味 ゲ 候 気 シ 猟 ド ラ イ ク
レ イ 読 ー ル 狩 ト ロ ピ カ ル 霧 ム ダ 法
稲 旱 魃 真 モ ー 真 グ 読 ン 撮 び 陶 キ ャ
ン 妻 氷 ム ダ ン パ ン ズ 釣 ク り び 法 魔
喜 ゼ イ 編 ハ ー ス び ク 写 物 ル ズ り り
そ よ 風 魔 ー ケ ゼ ー 書 撮 編 プ 動 ハ 読
シ ダ ャ グ 活 リ エ 園 ン 書 ズ ン 真 リ 釣
興 レ ム ゼ 芸 ハ ム 味 ダ 味 書 編 猟 編 釣

雰囲気　　　稲妻
そよ風　　　ドライ
気候　　　　旱魃
ハリケーン　温度
洪水　　　　竜巻
モンスーン　トロピカル
極性

# 87 - Comida #2

喜 味 芸 喜 ク み ー キ 味 ハ 影 リ ト ゲ 味
興 ン 芸 ズ エ 撮 写 ゼ 猟 絵 魔 卵 マ リ プ
小 園 画 書 ハ ゲ 茄 写 魔 ズ 釣 み ト み 撮
リ 麦 園 ダ 書 リ 子 物 ジ ジ ラ ダ ル 物 ゲ
キ ガ ゃ 猟 イ ー び キ 興 エ キ 狩 グ ク ム
ジ ウ ア ッ プ ル ゼ 狩 ダ 画 法 品 ー 物 魔
ン ョ イ グ 園 興 ゃ 編 プ 活 ゲ 芸 ヨ 芸 陶
ジ シ ー ル 釣 り キ シ キ ム 写 ひ ま わ り
ア ー ティ チョ ー ク パ 味 ハ ル ゲ リ プ
園 リ ロ セ リ 葡 り ド ン モ ー ア 動 ゼ 画
ク ェ ダ キ ズ 真 萄 編 園 芸 真 米 釣 パ ダ
ゼ チ 法 レ ラ チ ハ ジ ラ 味 グ 園 影 ク 魔
撮 レ ゼ 法 ト ー レ コ チ バ ハ ル プ 陶
書 園 絵 シ 狩 ズ ゲ 写 画 ダ ナ ゼ ダ レ 法 狩
ゲ 釣 み 狩 み 写 ャ チ キ ン ナ 味 イ ジ 狩

| | |
|---|---|
| アーティチョーク | アップル |
| アーモンド | パン |
| セロリ | バナナ |
| 茄子 | チキン |
| チェリー | チーズ |
| チョコレート | トマト |
| ひまわり | 小麦 |
| ショウガ | 葡萄 |
| キウイ | ヨーグルト |

# 88 - Diplomacia

| | | | | | | | | | | | | | |
|---|---|---|---|---|---|---|---|---|---|---|---|---|---|
| 活 | イ | 猟 | 物 | 整 | 議 | 政 | 狩 | 真 | 陶 | り | ゲャ | 人 | ム |
| 画 | ゼ | 釣 | 書 | 合 | 論 | 影 | 治 | リ | 園 | ー | 写 | 道 | 動 |
| 興 | ク | び | リ | 性 | ク | 物 | 興 | みャ | 品 | パ | パ | 主 | 外 |
| 園 | 物 | 影 | 絵 | 大 | 大 | 真 | 陶 | 活 | キ | み | 芸 | 義 | 国 |
| イ | リ | ク | 倫 | 使 | 使 | 写 | 芸 | 芸 | イ | 絵 | 味 | 者 | 人 |
| ク | ラ | 味 | 撮 | 理 | 館 | 編 | 影 | 政 | 府 | パ | 喜 | ゼ | エ |
| ズ | エ | 書 | 顧 | ム | 活 | 釣 | シ | シ | ー | 協 | 力 | 興 | ー |
| 言 | 語 | 書 | 問 | 園 | ゼ | 活 | ズ | ゲ | 園 | 絵 | 編 | 書 | イ |
| ジ | 釣 | 書 | ダ | ム | 狩 | シ | 影 | 芸 | 読 | 物 | 影 | キ | 芸 |
| 読 | エ | イ | エ | 釣 | 正 | 義 | 興 | 魔 | レ | み | ー | 影 | 写 |
| 味 | 安 | 全 | 対 | 立 | イ | ー | 法 | 編 | 釣 | 興 | コ | 真 | ム |
| 動 | 読 | 読 | イ | 真 | 度 | エ | 動 | び | シ | 影 | ミ | エ | 興 |
| 条 | 約 | 興 | プ | 芸 | 法 | 像 | リ | シ | ラ | 編 | ュ | ジ | 真 |
| 真 | ー | パ | グ | 動 | 味 | 物 | ク | 写 | 物 | 絵 | ニ | 陶 | 編 |
| り | ズ | 影 | 猟 | み | み | ゲ | 解 | 外 | イ | 編 | テ | ィ | リ |
| | | | | | 決 | | レ | 交 | 品 | ー | | リ | ズ |

| | |
|---|---|
| 顧問 | 政府 |
| コミュニティ | 人道主義者 |
| 対立 | 言語 |
| 協力 | 整合性 |
| 外交 | 正義 |
| 議論 | 政治 |
| 大使館 | 解像度 |
| 大使 | 安全 |
| 外国人 | 解決 |
| 倫理 | 条約 |

# 89 - Herboristería

| | | | | | | | | | | | | | |
|---|---|---|---|---|---|---|---|---|---|---|---|---|---|
| キ | ゼ | ラ | 芸 | り | 影 | 物 | キ | イ | ゼ | 芸 | 成 | ン | ジ | 動 |
| 魔 | 芸 | ム | ー | 魔 | 活 | ク | 喜 | 書 | ラ | グ | 分 | プ | ム | ニ |
| 芸 | 読 | 猟 | 品 | 影 | 画 | ハ | 真 | ラ | ゲ | リ | み | レ | 釣 | ン |
| ル | 品 | グ | レ | 質 | プ | パ | キ | ラ | 味 | イ | ル | エ | ハ | ニ |
| リ | み | 庭 | 釣 | 料 | 理 | サ | ン | ゼ | 書 | 品 | イ | イ | エ | ク |
| ク | シ | 猟 | 写 | ル | ン | フ | り | ダ | パ | 影 | ー | 芸 | 影 | 編 |
| ゲ | パ | 狩 | キ | ハ | 法 | ラ | 猟 | ジ | レ | 釣 | 猟 | 品 | 画 | シ |
| ラ | 魔 | ハ | ル | 狩 | ト | ン | ミ | 動 | り | ム | 法 | バ | プ | エ |
| ル | 植 | タ | 品 | ダ | キ | イ | ャ | 喜 | 影 | 撮 | 喜 | ジ | エ | 興 |
| 陶 | 物 | ラ | 活 | 影 | 真 | ム | 法 | 品 | グ | 画 | ハ | ル | ィ | デ |
| ャ | 花 | ゴ | 釣 | 品 | マ | ー | ジ | ョ | ラ | ム | 芳 | 園 | 猟 | ラ |
| ル | ネ | ン | ェ | フ | 真 | 撮 | シ | ラ | 品 | ゲ | 読 | 香 | 編 | ベ |
| 猟 | シ | 物 | エ | ダ | 絵 | イ | パ | 味 | ラ | 狩 | 影 | 芸 | 族 | ン |
| グ | ズ | 絵 | ゲ | リ | 写 | 猟 | セ | ロ | ー | ズ | マ | リ | ー | ダ |
| 緑 | ル | 興 | 興 | 陶 | リ | ズ | リ | キ | ジ | ャ | 動 | 味 | パ | ー |

| | |
|---|---|
| ニンニク | フェンネル |
| バジル | 成分 |
| 芳香族 | ラベンダー |
| サフラン | マージョラム |
| 品質 | ミント |
| 料理 | パセリ |
| ディル | 植物 |
| タラゴン | ローズマリー |

# 90 - Energía

```
読 パ レ 魔 ル ジ ム レ 猟 ハ パ 興 動 エ 品
活 活 シ ズ キ プ キ ゼ 猟 り 影 り 書 ン ゼ
水 素 炭 び ズ 絵 陶 絵 品 編 芸 陶 真 ト 活
太 陽 び み イ び ク 画 ャ 猟 ゼ レ エ ロ 興
汚 染 燃 料 ジ び ク 興 核 読 園 リ ン ピ レ
画 ム 喜 魔 真 写 パ パ 画 ル 読 ン ビ ー タ
編 ズ シ 物 魔 エ 興 ジ 画 パ 書 リ ハ タ 魔
園 ャ 一 エ 真 魔 影 パ ル イ 陶 ソ 品 一 法
デ 品 池 グ ゼ グ 魔 ゲ 真 光 再 ガ 風 モ り
ラ ィ 電 気 影 レ 書 ズ 真 子 読 生 画 エ 撮
影 ク ー 蒸 芸 シ 絵 ム 法 電 プ 可 ン 熱 絵
キ 法 イ ゼ プ 園 ゼ ク ダ 魔 イ ダ 能 絵 興
ー イ り 撮 ル 釣 ル 書 読 芸 画 画 ム ダ 撮
ク ジ 魔 魔 編 釣 業 法 シ り ム 興 園 ル 撮
絵 ャ 影 み エ り 界 び び ム 魔 園 シ 陶 ダ
```

| | |
|---|---|
| 電池 | ガソリン |
| 炭素 | 水素 |
| 燃料 | 業界 |
| 汚染 | モーター |
| ディーゼル | 再生可能 |
| 電子 | 太陽 |
| 電気 | タービン |
| エントロピー | 蒸気 |
| 光子 | |

# 91 - Especias

```
甘 い サ パ 絵 グ 喜 撮 ハ 撮 釣 品 写 園 リ
ャ 玉 フ 撮 り り 法 ゼ 品 動 画 ニ 喜 シ 園
エ 葱 ラ エ 園 狩 書 ー シ み 物 ン 撮 ナ ム
活 リ ン ズ キ 品 喜 狩 物 ャ プ ニ ダ モ ダ
絵 喜 リ り ゼ バ ニ ラ 写 品 グ ク 書 ン 動
釣 ン ジ ム ク ズ リ ラ 芸 パ エ 真 真 ム 狩
レ び イ ジ 陶 甘 草 写 釣 ラ ク 写 絵 ゼ キ
パ グ パ ム 味 ア ニ ス 猟 ゼ コ 法 影 猟 パ
プ パ レ ル ナ ツ メ グ 魔 陶 ク シ ハ 動 ラ
リ キ 物 ネ ズ イ 書 喜 法 影 ゲ 活 ョ ガ 陶
カ ク ミ ン 法 絵 り ズ 読 写 ゲ カ ウ 絵
グ 撮 写 ェ 絵 陶 ク レ 活 味 レ レ ゲ ョ 物
リ 影 ジ フ イ 品 パ リ レ ズ 画 ー 絵 シ 法
塩 苦 い 法 び エ 編 真 撮 狩 法 リ ワ ム 画
ゲ ズ エ 味 り リ 品 法 グ ク ロ ー ブ サ 撮
```

| | |
|---|---|
| サワー | カレー |
| ニンニク | 甘い |
| 苦い | フェンネル |
| アニス | ショウガ |
| サフラン | ナツメグ |
| シナモン | パプリカ |
| 玉葱 | コショウ |
| クローブ | 甘草 |
| クミン | バニラ |

# 92 - Universo

```
ー み 緯 霧 り ル ダ 狩 目 経 闇 ー 写 ゼ イ
絵 エ 度 囲 興 イ 月 喜 に 度 プ イ 法 喜 ン
ジ 学 ズ 気 天 文 学 者 見 シ 真 読 プ 興 シ
レ 文 ク キ 真 釣 園 真 え 書 写 り び レ 書
狩 天 み 魔 ャ 撮 魔 狩 る パ 編 園 味 興 読
味 体 興 ゲ レ ク 地 ン ラ ン 陶 動 ム リ 読
プ 画 ル ハ プ パ 平 品 エ エ り ジ 法 陶 味
キ イ キ レ グ 線 ハ シ ジ 陶 ー 真 法 写
パ り 編 レ 芸 編 望 撮 ラ 陶 グ 画 り 喜
ゲ 品 写 ラ パ ル 遠 書 画 太 陽 ン 狩 ル 喜
画 興 シ 猟 銀 軌 鏡 釣 喜 プ 物 ム 猟 リ ゲ
コ ズ ミ ッ ク 河 赤 ム 味 釣 ゼ り 猟 ダ ン
読 ク 画 物 キ 小 読 エ 味 陶 真 空 陶 ム 猟
猟 猟 園 り り 惑 読 ズ 興 真 至 真 半 真 び
イ ム 猟 み ジ 星 ジ シ 芸 プ 書 点 球 真 び
```

小惑星 　　　　　　　地平線
天文学 　　　　　　　緯度
天文学者 　　　　　　経度
雰囲気 　　　　　　　軌道
天体 　　　　　　　　太陽
コズミック 　　　　　至点
赤道 　　　　　　　　望遠鏡
銀河 　　　　　　　　目に見える
半球

# 93 - Jazz

動 影 ズ 絵 興 ン 活 コ 興 ア グ ダ シ 絵 ダ
狩 エ 作 喜 り 猟 ゲ ン キ ー 写 ル 読 ハ ズ
シ 読 曲 編 写 ダ シ サ 狩 テ ン キ 喜 ル ズ
喜 撮 家 活 興 動 ジ ー パ ィ 影 書 真 イ レ
ゼ ク 法 興 ジ り ム ト エ 読 狩 び グ ダ ダ
興 影 動 ゼ 喜 ャ 物 エ 絵 ト ゲ ラ 編 古 写
オ ゲ レ リ 絵 グ ン 有 名 な 即 興 才 い キ
魔 ー ラ ズ 味 興 ラ 魔 ア ル バ ム 能 写 グ
ジ 歌 ケ ム ク 喜 画 イ ク ハ ド ラ 写 キ ク
味 び 活 ス 釣 レ ズ タ ゼ ー 物 影 釣 キ 猟
リ 芸 音 真 ト 写 リ ス パ び ル 構 撮 真 み
キ 喜 楽 園 パ ラ お 気 に 入 り 成 新 技 術
影 興 動 ム 物 み ダ 味 レ ハ 絵 ダ 着 法 ジ
ラ 真 画 絵 喜 絵 びゃ ゼ 写 陶 レ 強 プ 撮
ャ 猟 ダ 喜 猟 芸 物 ャ 真 リ 味 書 写 調 法

| | |
|---|---|
| アーティスト | 即興 |
| アルバム | 音楽 |
| 構成 | 新着 |
| 作曲家 | オーケストラ |
| コンサート | リズム |
| スタイル | 才能 |
| 強調 | ドラム |
| 有名な | 技術 |
| お気に入り | 古い |
| ジャンル | |

# 94 - Mediciones

| イ | 編 | プ | ジ | 編 | オ | ン | ス | 味 | パ | 小 | 数 | グ | パ | リ |
|---|---|---|---|---|---|---|---|---|---|---|---|---|---|---|
| ダ | 絵 | 絵 | 影 | 猟 | 影 | み | 真 | ク | 読 | ャ | 芸 | ハ | リ | シ |
| 品 | 物 | 園 | レ | 写 | 書 | イ | レ | 撮 | イ | ハ | ダ | ー | ク | 書 |
| ダ | 品 | 興 | ゼ | パ | ジ | 影 | 幅 | 味 | 影 | ム | 喜 | 活 | 動 | 法 |
| ラ | グ | プ | 品 | 園 | ゲ | リ | 狩 | 絵 | 陶 | 活 | 喜 | ン | 書 | ム |
| ャ | 物 | 高 | さ | 品 | 影 | ャ | 画 | ル | 画 | イ | ン | 魔 | 狩 | キ |
| ジ | シ | 書 | 読 | ハ | リ | 分 | び | 芸 | 釣 | 動 | ク | 絵 | ク | リ |
| 影 | 編 | ム | ク | キ | 編 | ズ | 芸 | 長 | 写 | ム | び | ジ | グ | ッ |
| ラ | ラ | ャ | ボ | レ | 画 | プ | 撮 | 読 | さ | ラ | ル | 深 | さ | ト |
| パ | 質 | 狩 | リ | ダ | 陶 | グ | ラ | ム | 園 | グ | チ | ン | イ | ル |
| 芸 | プ | 量 | ュ | ダ | 喜 | み | シ | ン | キ | ロ | メ | ー | ト | ル |
| プ | 書 | ム | ー | ゲ | 狩 | 動 | プ | レ | 書 | キ | 書 | タ | 狩 | ゲ |
| バ | イ | ト | ム | 法 | 狩 | ゼ | 撮 | 物 | レ | リ | ダ | ー | 度 | 喜 |
| ン | リ | ン | 芸 | ズ | 絵 | ム | 重 | さ | 撮 | リ | 書 | メ | 釣 | 園 |
| エ | ズ | キ | 真 | セ | ン | チ | メ | ー | ト | ル | 釣 | シ | ャ | 法 |

高さ
バイト
センチメートル
小数
グラム
キログラム
キロメートル
リットル
長さ

質量
メーター
オンス
重さ
深さ
インチ
トン
ボリューム

# 95 - Barcos

| り | ル | び | び | ア | 芸 | 活 | ゼ | ク | 狩 | 編 | ダ | ャ | 真 | り |
| 魔 | 絵 | 喜 | シ | ゲ | ン | み | 撮 | エ | 潮 | 園 | 真 | ハ | グ | 撮 |
| レ | ダ | み | い | エ | 陶 | カ | リ | ン | ノ | ー | ティ | カ | ル |
| 魔 | 真 | シ | ク | か | 書 | 興 | ー | ジ | リ | 撮 | ハ | ジ | ク | 品 |
| ジ | 川 | マ | キ | 動 | だ | 波 | ラ | ン | キ | 編 | ズ | ズ | 撮 | 真 |
| 釣 | び | ス | ト | 書 | 芸 | イ | み | ー | リ | ェ | フ | ロ | ー | プ | ハ |
| イ | 喜 | ト | 狩 | 釣 | 園 | 釣 | セ | 狩 | ゼ | キ | 絵 | 撮 | ゲ | り |
| レ | 芸 | ッ | 芸 | イ | 編 | 喜 | ダ | 真 | み | 写 | 画 | ゲ | ハ | ダ |
| ム | リ | ョ | ー | パ | 味 | ラ | み | ゲ | ジ | エ | 写 | パ | ゲ | ジ |
| キ | ゼ | ル | プ | み | 狩 | 陶 | プ | 絵 | 味 | 法 | 法 | ー | 画 | 読 |
| ン | 撮 | ラ | ゼ | ブ | ャ | ン | キ | クッ | ッ | ヤ | カ | 真 | ズ | グ |
| 洋 | ム | 影 | 釣 | イ | み | ク | 写 | 写 | 猟 | ジ | 絵 | ヌ | 物 | パ |
| 海 | レ | 喜 | ク | ク | ル | ー | ャ | シ | 釣 | 湖 | ズ | エ | ー | ル |
| 魔 | ズ | イ | 編 | 狩 | 影 | ズ | シ | 編 | 活 | 釣 | 活 | ル | エ | 画 |
| ル | 物 | 画 | 喜 | リ | エ | 真 | 動 | ー | グ | 芸 | 芸 | 活 | 活 | ズ |

| | |
|---|---|
| アンカー | セーラー |
| いかだ | マスト |
| ブイ | エンジン |
| カヌー | ノーティカル |
| ロープ | 海洋 |
| フェリー | クルー |
| カヤック | ヨット |

# 96 - Antártida

```
口 法 ゼ 水 影 半 エ 動 イ 味 ク 陶 ム ル ー
ッ パ エ 画 園 島 芸 ダ ラ 釣 ゼ ラ 芸 科 陶
キ 園 活 ム シ 撮 動 読 ゼ キ ダ シ ハ 学 園
ー リ 芸 興 工 喜 ぺ び 絵 写 パ ジ 移 的 温
影 画 品 雲 芸 喜 ン キ 写 写 活 移 行 活 度
キ グ ダ 猟 喜 島 ギ ン 影 活 喜 地 ラ シ ゼ
ャ 猟 プ 品 芸 島 ン 味 猟 工 陶 形 狩 ル レ
ム 写 ミ 釣 パ ゼ 猟 パ み 陶 陶 狩 ム 書 ル
写 品 ネ リ 興 猟 ハ 編 べ 猟 陶 ム キ 撮 味
物 ー ラ 陶 魔 シ ン 鳥 保 イ ハ シ 撮 撮 み
編 影 ル 物 品 写 ン ラ 動 全 ダ 魔 狩 り 遠
ー ゲ 物 編 猟 書 レ リ 喜 陶 読 味 ハ 編 征
読 地 理 ー 味 研 ム ラ 狩 イ ゲ 河 写 ズ み
芸 び ム 品 ー パ 究 シ プ 動 氷 画 り リ り
読 影 ズ エ レ 大 陸 者 撮 魔 絵 画 り レ キ
```

| | |
|---|---|
| ベイ | 移行 |
| 科学的 | ミネラル |
| 保全 | 半島 |
| 大陸 | ペンギン |
| 遠征 | ロッキー |
| 地理 | 温度 |
| 氷河 | 地形 |
| 研究者 | |

# 97 - Mamíferos

```
ク 陶 一 書 ク 影 ダ 絵 レ 芸 喜 ク ズ 猿 活
う さ ぎ 品 画 グ ル ャ シ 釣 書 興 芸 狐 園
法 陶 陶 活 一 リ び ク ダ 一 撮 レ ク キ 釣
陶 び ゃ り グ 犬 ャ 物 猫 物 活 プ 喜 ロ バ
イ ズ 読 釣 キ 絵 エ み ゲ 魔 ャ シ 法 シ ダ
ゼ 活 魔 絵 猟 プ 釣 パ 喜 プ 猟 ズ マ エ 読
り ン レ 陶 読 み 味 ラ リ り ャ ハ ウ 熊
狩 ゴ 撮 絵 キ エ パ ャ 釣 キ 読 み 活 マ
編 リ ジ 喜 パ 馬 品 興 ル メ ャ キ 釣 シ
ダ ラ キ リ 影 写 動 リ 写 園 園 リ 写 ズ
象 ン 陶 キ り 動 プ 魔 グ ー ル ガ ン カ 芸
画 ジ 読 動 書 読 り プ ン ジ ブ コ プ ル 品
編 魔 狼 陶 イ 陶 ム シ プ シ 編 ヨ エ イ り
画 編 リ 真 み 芸 園 鯨 羊 絵 ク ー ャ ム ー
読 絵 び 芸 法 ジ 釣 影 レ 法 物 テ 編 書 読
```

| | |
|---|---|
| ロバ | コヨーテ |
| キャメル | イルカ |
| カンガルー | ゴリラ |
| シマウマ | キリン |
| うさぎ | ブル |

# 98 - Boxeo

| ン | 動 | ン | ラ | 芸 | 写 | 物 | ー | 肘 | ー | り | コ | 活 | 手 | シ |
|---|---|---|---|---|---|---|---|---|---|---|---|---|---|---|
| ャ | 審 | ズ | ゲ | 釣 | シ | ク | キ | フ | 魔 | ク | ズ | ー | 袋 | 真 |
| 芸 | 判 | キ | エ | ー | ハ | ル | 真 | ォ | 興 | 釣 | 影 | り | ナ | ハ |
| 怪 | 我 | ッ | 体 | ダ | 影 | 法 | び | ー | ク | エ | ー | 書 | 動 | ー |
| 味 | び | ク | 喜 | ャ | 画 | パ | 陶 | カ | 回 | 復 | 園 | ル | 猟 | 画 |
| 写 | グ | ゲ | 相 | 手 | ラ | 影 | パ | ス | ゲ | 画 | ジ | ズ | 動 | シ |
| ラ | 絵 | 顎 | 魔 | み | 法 | 疲 | 狩 | ゼ | 読 | 釣 | キ | パ | 動 | ダ |
| ハ | 釣 | 写 | キ | ジ | ン | れ | イ | り | ジ | 写 | ク | 猟 | 画 | 動 |
| 芸 | ズ | 絵 | ゲ | エ | 興 | た | レ | パ | ハ | キ | り | 味 | ラ | ル |
| レ | ハ | 法 | イ | プ | ジ | 園 | 物 | ジ | 法 | ゼ | 撮 | 魔 | リ | ー |
| ラ | 絵 | ン | ラ | イ | ズ | 動 | ロ | 強 | 魔 | 撮 | 絵 | 真 | 影 | 物 |
| ル | 法 | 撮 | ン | 芸 | み | 真 | ー | 品 | さ | ポ | ャ | 物 | ー | ン |
| 法 | ベ | ジ | シ | 活 | ゲ | 拳 | プ | イ | ル | イ | 法 | 興 | 猟 | ハ |
| ダ | ル | キ | ス | 物 | 戦 | 闘 | 機 | み | 活 | ン | み | 喜 | 読 | 影 |
| 園 | パ | パ | 画 | ク | 読 | 書 | レ | ャ | ダ | ト | 陶 | 読 | ン | 撮 |

審判 　　　　　　　　スキル
ベル 　　　　　　　　怪我
フォーカス 　　　　　戦闘機
ロープ 　　　　　　　相手
コーナー 　　　　　　キック
疲れた 　　　　　　　ポイント
強さ 　　　　　　　　回復
手袋

# 99 - Abejas

| シ | み | ハ | 絵 | 写 | 動 | ャ | 物 | エ | 有 | 者 | 介 | 媒 | 粉 | 花 |
|---|---|---|---|---|---|---|---|---|---|---|---|---|---|---|
| 園 | 釣 | 花 | り | ワ | ッ | ク | ス | 物 | グ | 益 | 影 | イ | 活 | 粉 |
| ク | 読 | ル | 書 | 興 | 品 | 活 | ハ | 興 | 煙 | ダ | 編 | ズ | ジ | ラ |
| ゼ | 芸 | グ | ン | シ | び | ラ | 庭 | 魔 | パ | 読 | 釣 | ク | 園 | 撮 |
| フ | ハ | 魔 | ク | ズ | グ | 味 | シ | 園 | ラ | 園 | 撮 | ム | 園 | 翼 |
| 釣 | ル | シ | び | み | 写 | 物 | イ | り | 陶 | り | 芸 | 編 | ジ | キ |
| ム | キ | ー | ク | 法 | 編 | び | 釣 | ゼ | ル | シ | 画 | レ | 巣 | プ |
| 真 | ジ | 品 | ツ | ル | ム | 読 | イ | 絵 | 園 | 動 | ム | 物 | 箱 | ハ |
| ラ | 猟 | 釣 | ゲ | パ | ゲ | 絵 | 狩 | ル | ー | ク | 撮 | ダ | み | プ |
| 釣 | 園 | 物 | 植 | ル | プ | 猟 | 写 | 蜂 | 蜜 | 写 | リ | 狩 | び | 魔 |
| 群 | エ | ハ | 物 | ゼ | 昆 | 虫 | 動 | 魔 | 多 | 様 | 性 | ャ | 陶 | ル |
| れ | パ | 真 | べ | 物 | イ | 生 | 息 | 地 | 園 | リ | 画 | ル | 釣 | ダ |
| 陶 | 陶 | ム | 食 | 太 | ゲ | 園 | 活 | 猟 | 味 | 猟 | 生 | リ | グ | 女 |
| 影 | ー | ル | 活 | 陽 | 画 | 興 | 動 | 読 | り | ム | 絵 | 態 | ン | 王 |
| 画 | 釣 | み | び | 芸 | 味 | エ | 影 | パ | 狩 | 写 | り | 絵 | 系 | 釣 |

有益　　　　　　　　生息地
ワックス　　　　　　昆虫
巣箱　　　　　　　　蜂蜜
食べ物　　　　　　　植物
多様性　　　　　　　花粉
生態系　　　　　　　花粉媒介者
群れ　　　　　　　　女王
フルーツ　　　　　　太陽

# 100 - Psicología

```
影 ズ 写 魔 喜 味 出 い 思 釣 び 芸 経 陶 現
パ 影 パ ゲ り 絵 猟 り ア 考 プ ゲ レ 験 実
品 影 プ プ 無 意 識 芸 イ 問 題 ク 釣 写 園
パ 編 響 ム り ゲ ー 釣 デ ダ ー 法 猟 キ パ
覚 ム シ 夢 活 狩 画 ダ ア パ ゼ 活 ム ハ プ
感 情 評 価 興 物 真 ジ 猟 び シ レ イ ー ジ
興 猟 味 ク 活 対 狩 治 プ 絵 絵 グ 撮 パ 読
ン 真 り ャ 読 立 ハ 療 パ 芸 ク 品 ズ 影 物
魔 読 パ ダ 興 イ 動 魔 み ク エ シ び 物 読
子 供 の 頃 自 我 写 真 ズ 撮 ズ 編 撮 味
エ 画 動 編 狩 編 釣 絵 ダ 行 猟 び シ パ 狩
喜 ー び グ み 撮 プ ズ ャ 動 パ リ 臨 床 猟
シ ー プ 動 写 プ 陶 ゲ キ び 園 味 品 動 写
編 動 ム 撮 法 ル り ャ 認 園 リ レ ク 活 園
ー ジ 品 レ ゼ 釣 ラ 覚 知 物 エ 撮 写 ン 味
```

臨床
認知
行動
対立
自我
感情
評価
経験
アイデア
無意識

子供の頃
影響
思考
知覚
問題
現実
思い出
感覚
治療

## 1 - Ajedrez

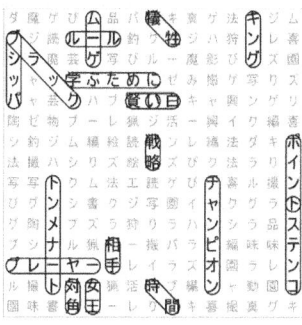

## 2 - Agua

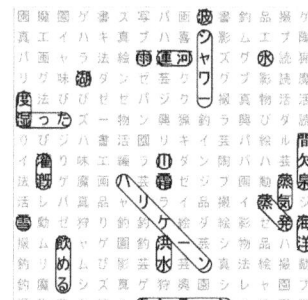

## 3 - Arqueología

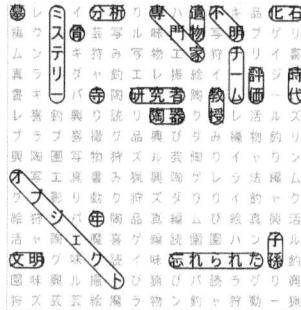

## 4 - Granja #2

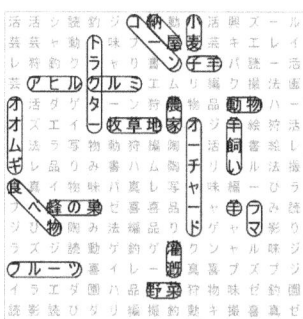

## 5 - La Empresa

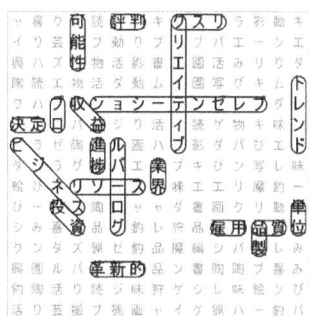

## 6 - Mueble

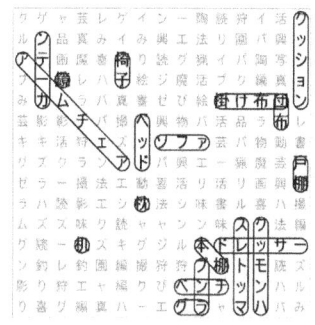

## 7 - Aviones

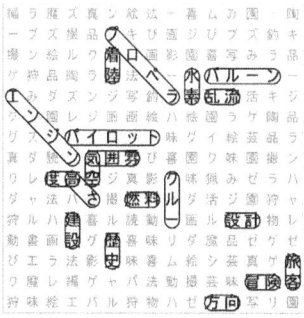

## 8 - Tipos de Cabello

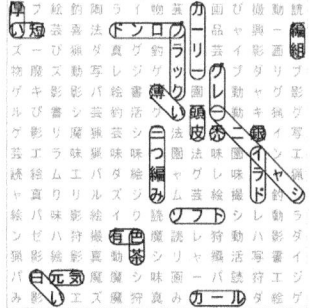

## 9 - Ciencia Ficción

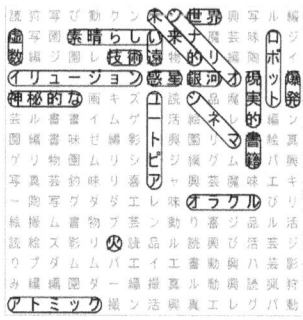

## 10 - Granja #1

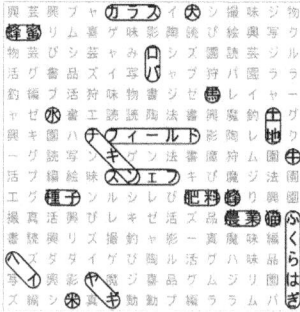

## 11 - Camping

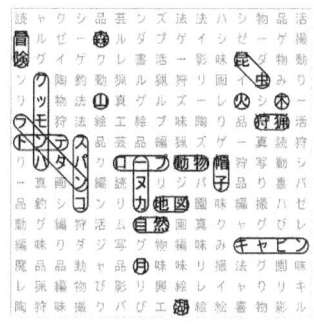

## 12 - Fruta

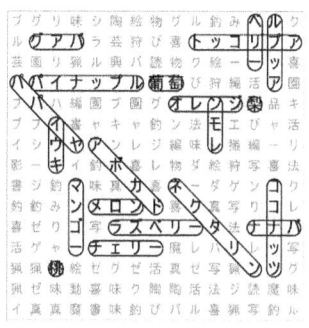

## 13 - Geología

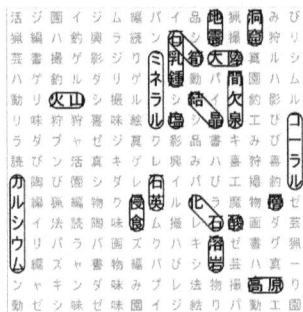

## 14 - Álgebra

## 15 - Plantas

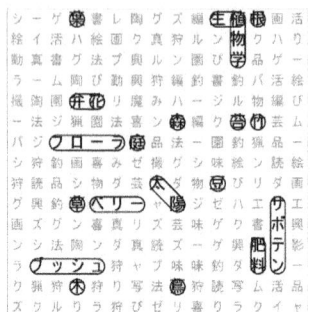

## 16 - Suministros de Arte

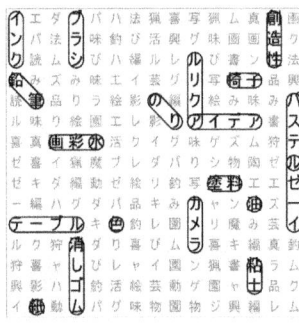

## 17 - Negocio

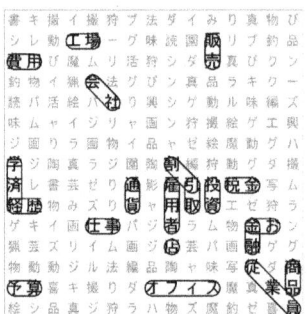

## 18 - Jardín

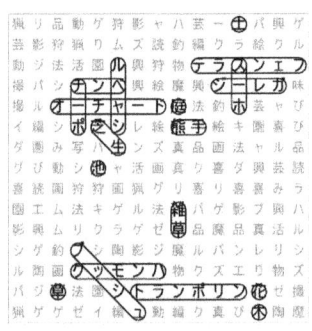

## 19 - Países #2

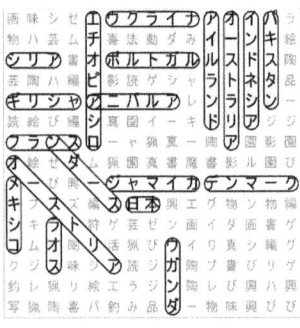

## 20 - Números

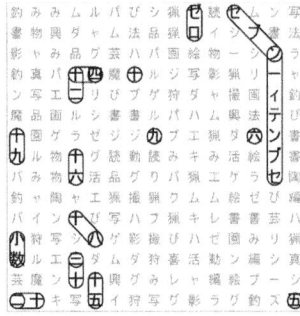

## 21 - Física

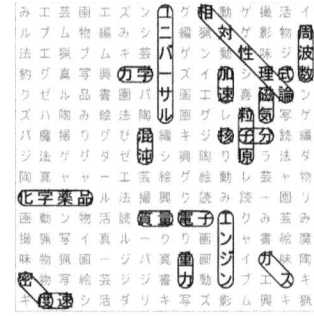

## 22 - Belleza

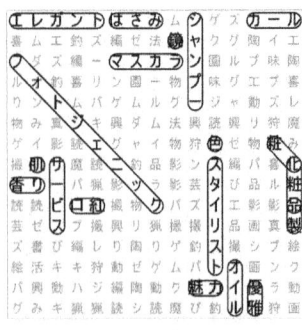

## 23 - Países #1

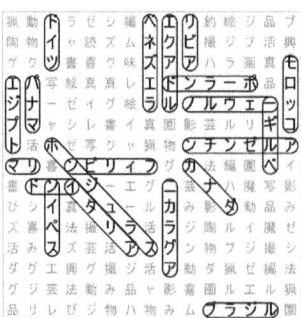

## 24 - Mitología

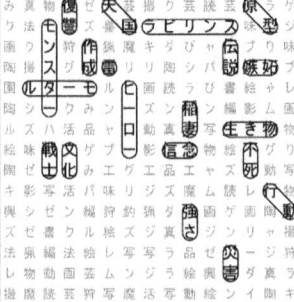

## 25 - Ecología

## 26 - Casa

## 27 - Artes Visuales

## 28 - Salud y Bienestar #2

## 29 - Selva Tropical

## 30 - Colores

## 31 - Adjetivos #1

## 32 - Familia

## 33 - Disciplinas Científicas

## 34 - Moda

## 35 - Electricidad

## 36 - Salud y Bienestar #1

## 37 - Adjetivos #2

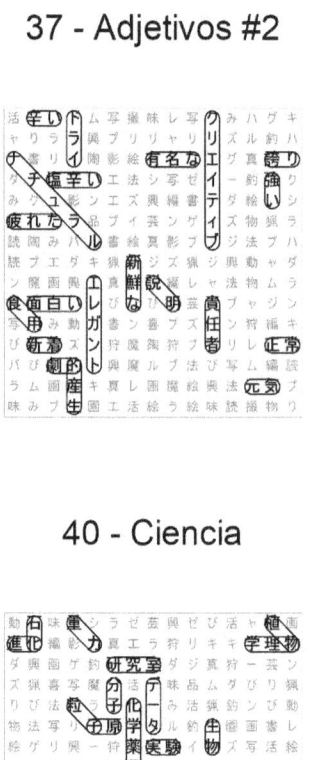

## 38 - Cuerpo Humano

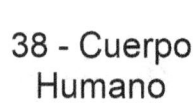

## 39 - Calentamiento Gl

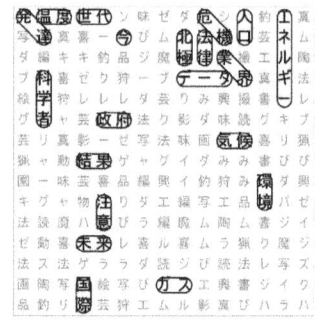

## 40 - Ciencia

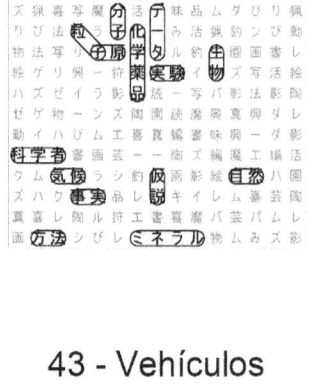

## 41 - Restaurante #2

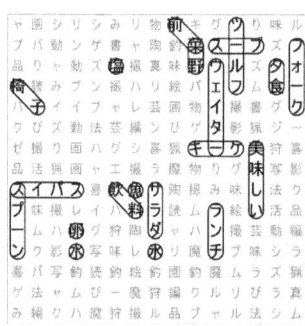

## 42 - Profesiones #1

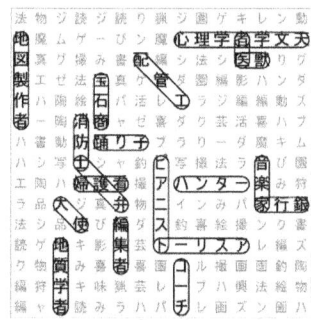

## 43 - Vehículos

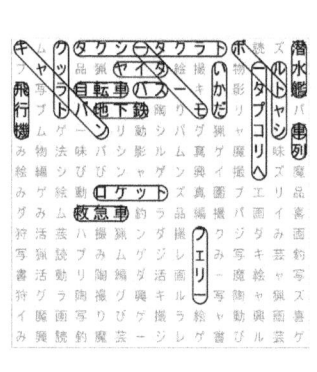

## 44 - Geometría

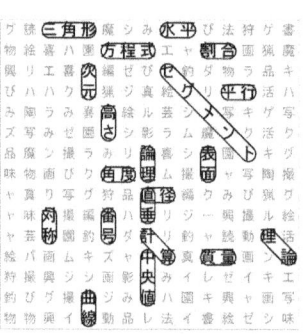

## 45 - Vacaciones #2

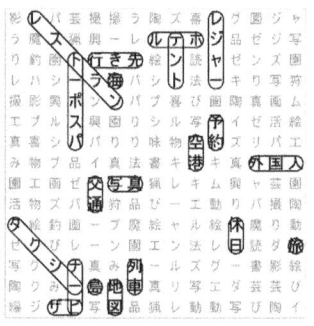

## 46 - Matemáticas

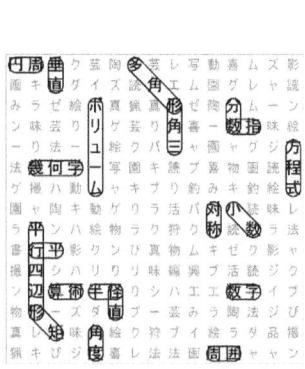

## 47 - Profesiones #2

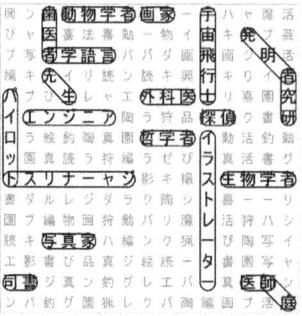

## 48 - Senderismo

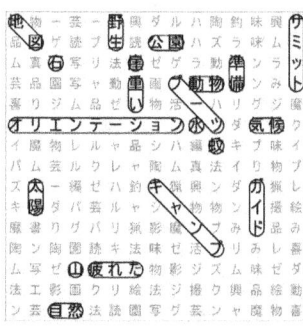

## 49 - Naturaleza

## 50 - Conduciendo

## 51 - Ballet

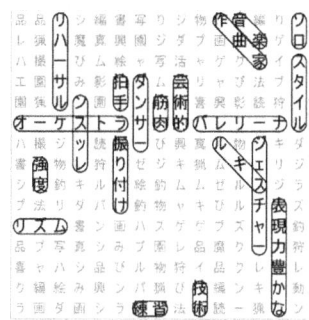

## 52 - Fuerza y Gravedad

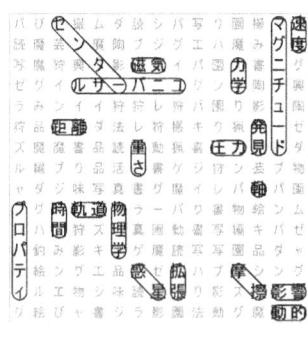

## 53 - Pájaros

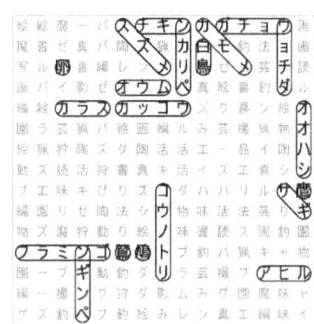

## 54 - Geografía

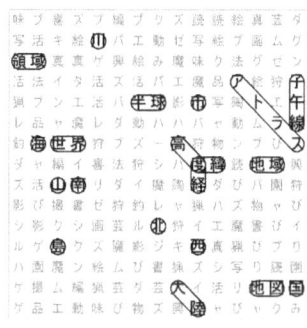

## 55 - Música

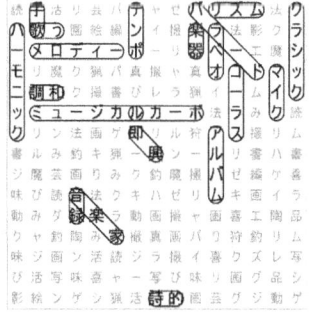

## 56 - Enfermedad

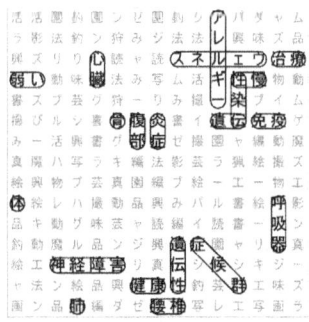

## 57 - Actividades

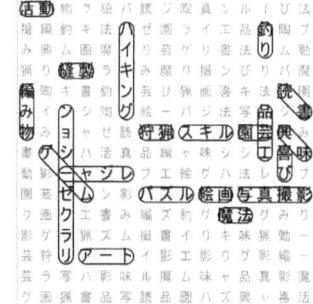

## 58 - Verduras

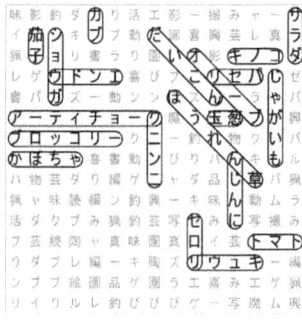

## 59 - Instrumentos Musicales

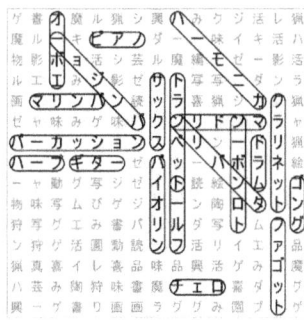

## 60 - Flores

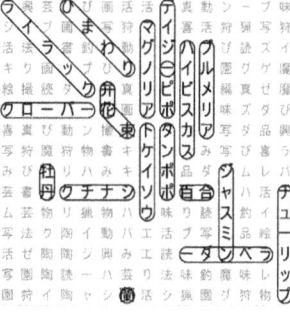

## 61 - Astronomía

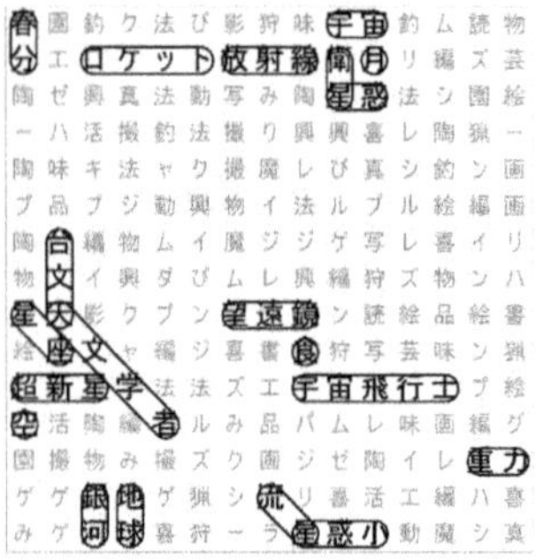

## 62 - Tiempo

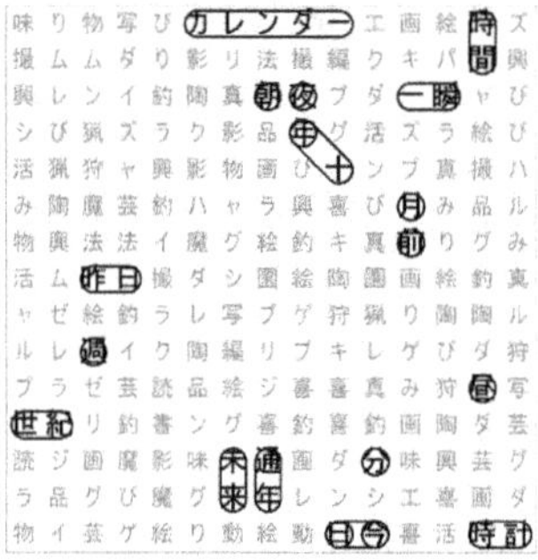

## 63 - Paisajes

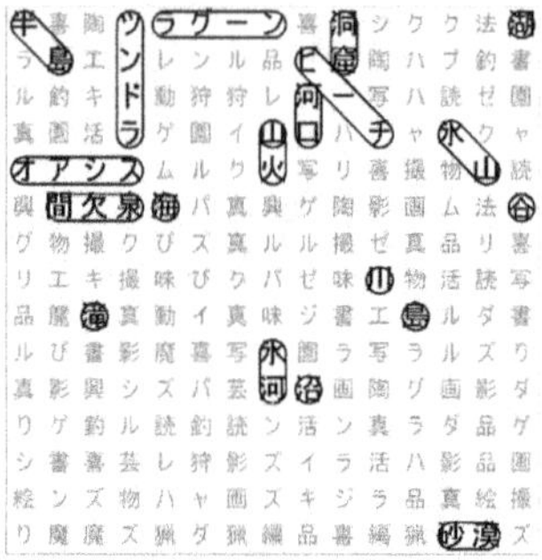

## 64 - Días y Meses

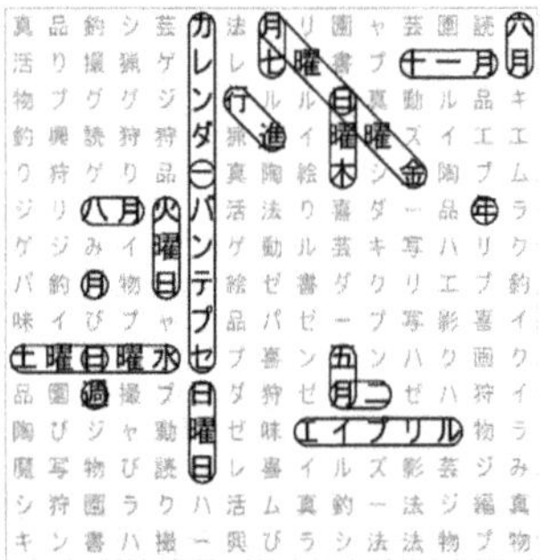

## 65 - Biología

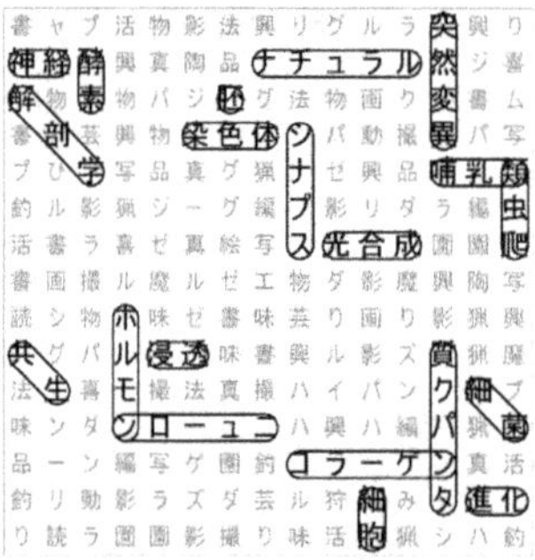

## 66 - Jardinería

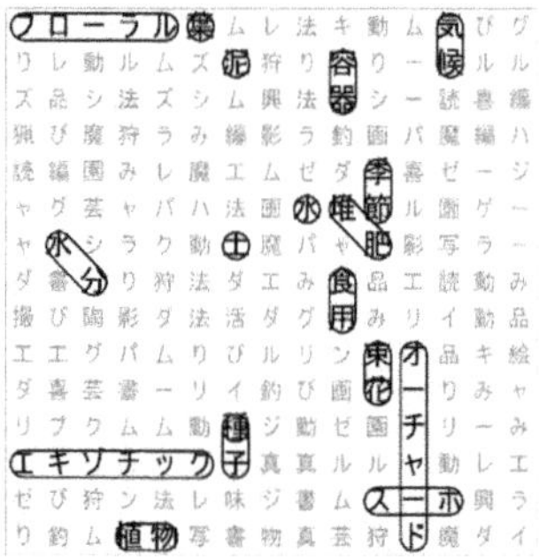

## 67 - Chocolate

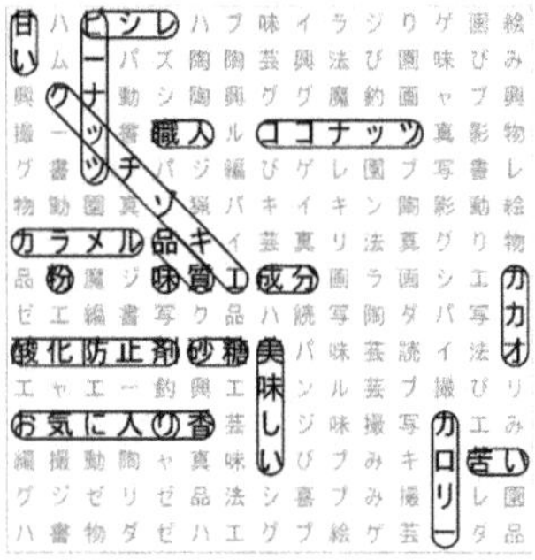

## 68 - Barbacoas

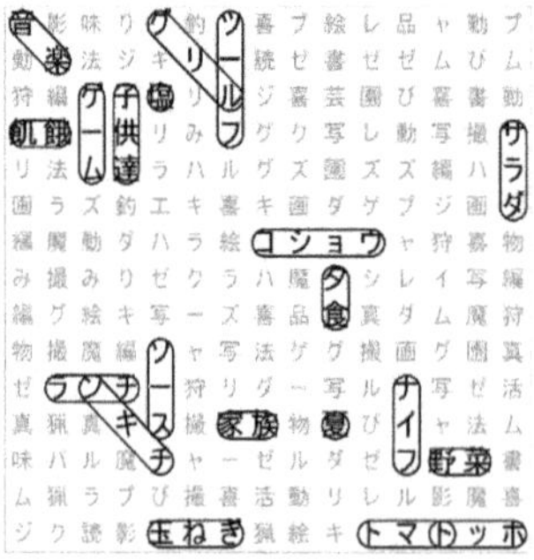

## 69 - Ropa

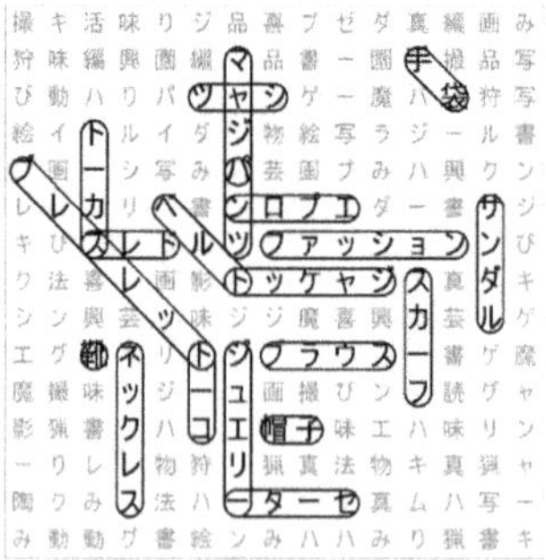

## 70 - Meditación

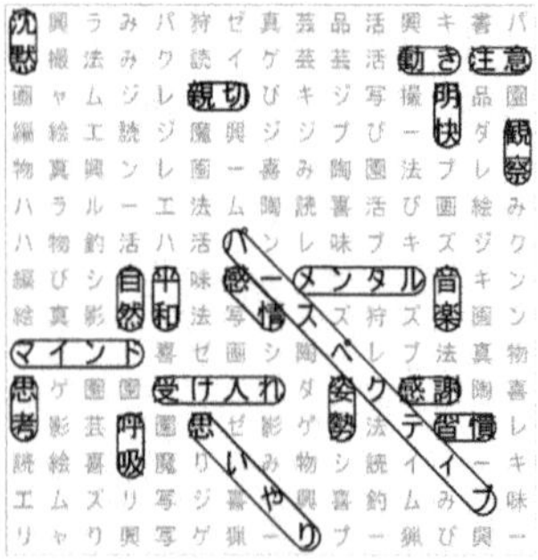

## 71 - Libros

## 72 - Los Medios de Comunicación

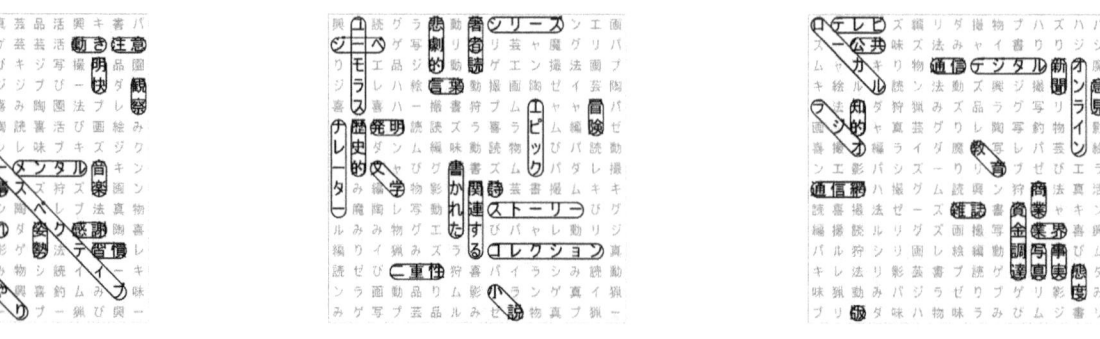

## 73 - Nutrición

## 74 - Edificios

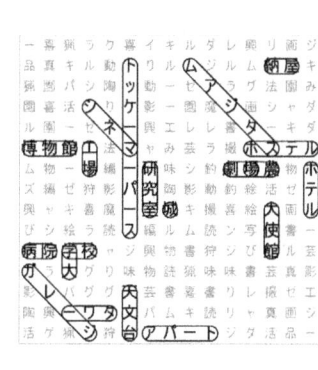

## 75 - Océano

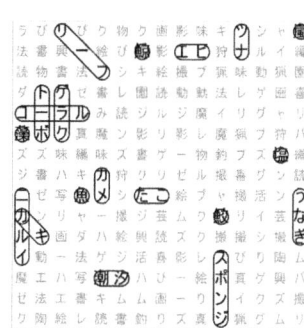

## 76 - Ciudad

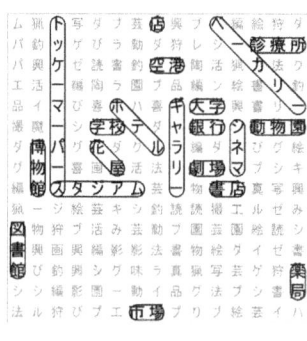

## 77 - Agronomía

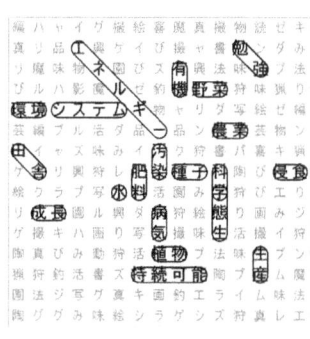

## 78 - Actividades y Ocio

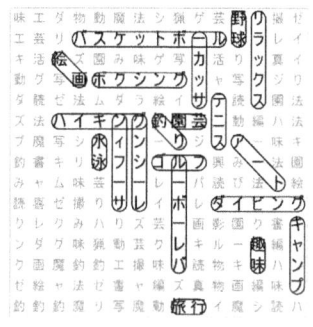

## 79 - Ingeniería

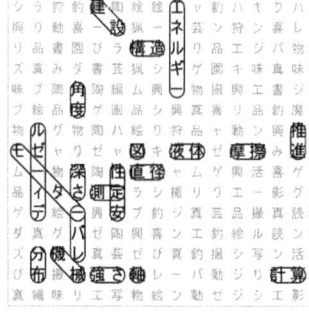

## 80 - Comida #1

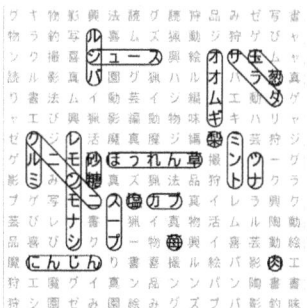

## 81 - Antigüedades

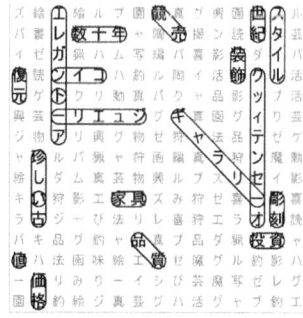

## 82 - Literatura

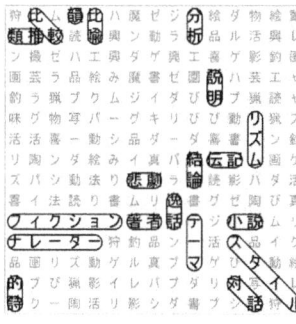

## 83 - Química

## 84 - Gobierno

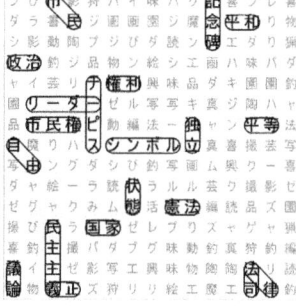

## 85 - Creatividad

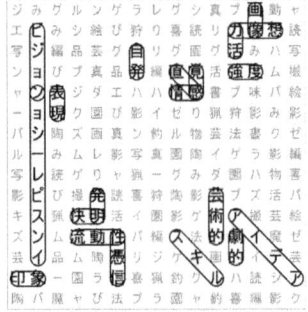

## 86 - Clima

## 87 - Comida #2

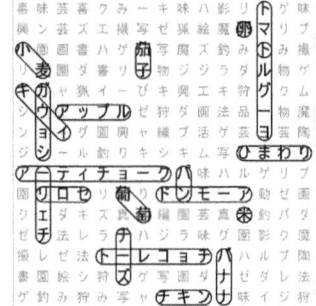

## 88 - Diplomacia

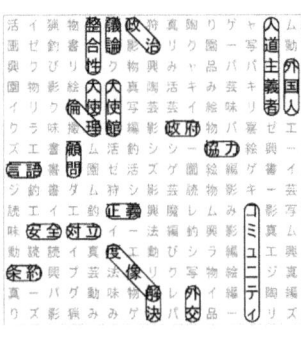

## 89 - Herboristería

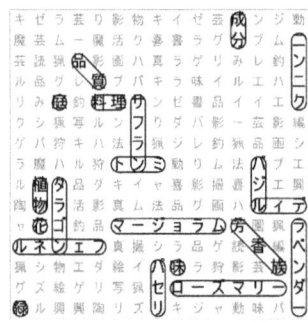

## 90 - Energía

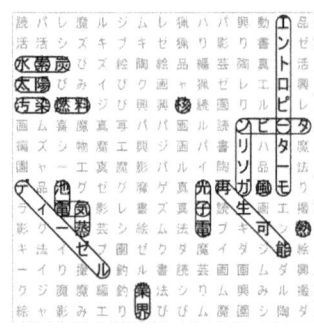

## 91 - Especias

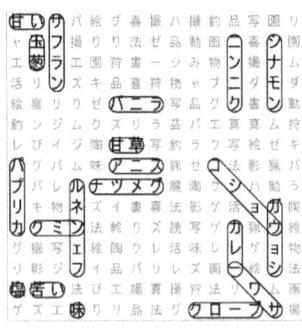

## 92 - Universo

## 93 - Jazz

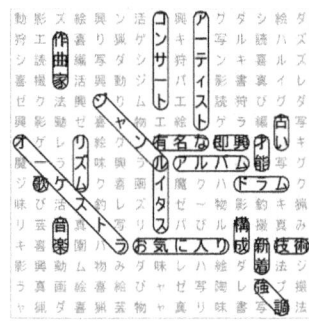

## 94 - Mediciones

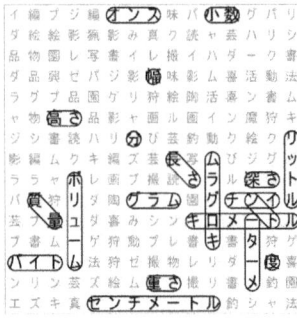

## 95 - Barcos

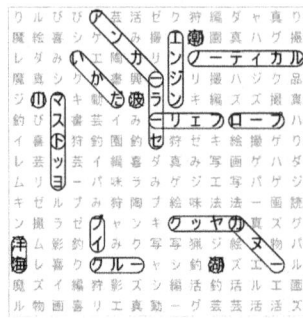

## 96 - Antártida

## 97 - Mamíferos

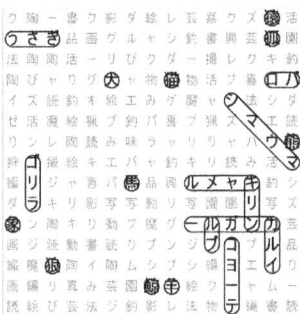

## 98 - Boxeo

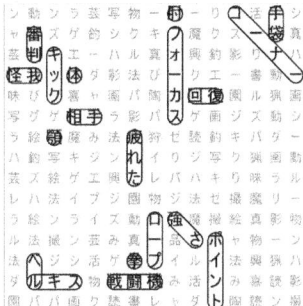

## 99 - Abejas

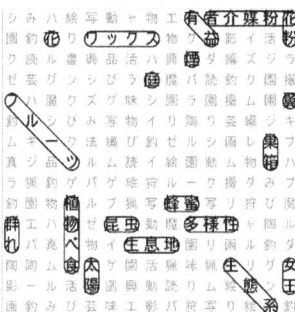

## 100 - Psicología

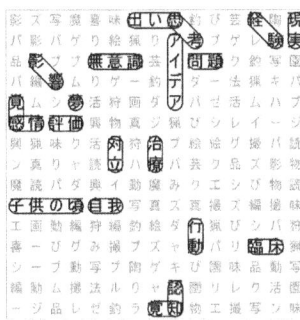

# Diccionario

### Abejas
### ミツバチ

| | |
|---|---|
| **Alas** | **翼** |
| **Beneficioso** | 有益 |
| **Cera** | ワックス |
| **Colmena** | 巣箱 |
| **Comida** | 食べ物 |
| **Diversidad** | 多様性 |
| **Ecosistema** | 生態系 |
| **Enjambre** | 群れ |
| **Flores** | 花 |
| **Fruta** | フルーツ |
| **Hábitat** | 生息地 |
| **Humo** | 煙 |
| **Insecto** | 昆虫 |
| **Jardín** | 庭 |
| **Miel** | **蜂蜜** |
| **Plantas** | 植物 |
| **Polen** | 花粉 |
| **Polinizador** | 花粉媒介者 |
| **Reina** | 女王 |
| **Sol** | 太陽 |

### Actividades
### アクティビティ

| | |
|---|---|
| **Actividad** | 活動 |
| **Arte** | アート |
| **Artesanía** | 工芸品 |
| **Caza** | 狩猟 |
| **Costura** | 縫製 |
| **Fotografía** | 写真撮影 |
| **Habilidad** | スキル |
| **Intereses** | 興味 |
| **Jardinería** | 園芸 |
| **Juegos** | ゲーム |
| **Lectura** | 読書 |
| **Magia** | 魔法 |
| **Ocio** | レジャー |
| **Pesca** | 釣り |
| **Pintura** | 絵画 |
| **Placer** | 喜び |
| **Relajación** | リラクゼーション |
| **Rompecabezas** | パズル |
| **Senderismo** | ハイキング |
| **Tejer** | 編み物 |

### Actividades y Ocio
### アクティビティとレジャー

| | |
|---|---|
| **Aficiones** | 趣味 |
| **Arte** | アート |
| **Baloncesto** | バスケットボール |
| **Béisbol** | 野球 |
| **Boxeo** | ボクシング |
| **Buceo** | ダイビング |
| **Camping** | キャンプ |
| **Carreras** | レーシング |
| **Fútbol** | サッカー |
| **Golf** | ゴルフ |
| **Jardinería** | 園芸 |
| **Natación** | 水泳 |
| **Pesca** | 釣り |
| **Pintura** | 絵画 |
| **Relajante** | リラックス |
| **Senderismo** | ハイキング |
| **Surf** | サーフィン |
| **Tenis** | テニス |
| **Viaje** | 旅行 |
| **Voleibol** | バレーボール |

### Adjetivos #1
### 形容詞 #1

| | |
|---|---|
| **Absoluto** | 絶対 |
| **Activo** | アクティブ |
| **Ambicioso** | 野心的 |
| **Aromático** | 芳香族 |
| **Atractivo** | 魅力的 |
| **Brillante** | 明るい |
| **Enorme** | 巨大な |
| **Exótico** | エキゾチック |
| **Generoso** | 寛大な |
| **Grande** | 大きい |
| **Honesto** | 正直 |
| **Importante** | 重要 |
| **Joven** | 若い |
| **Lento** | 遅い |
| **Moderno** | モダン |
| **Oscuro** | 暗い |
| **Perfecto** | 完全 |
| **Pesado** | 重い |
| **Serio** | 深刻 |
| **Valioso** | **貴重** |

### Adjetivos #2
### 形容詞 #2

| | |
|---|---|
| **Cansado** | 疲れた |
| **Comestible** | 食用 |
| **Creativo** | クリエイティブ |
| **Descriptivo** | 説明 |
| **Dramático** | 劇的 |
| **Elegante** | エレガント |
| **Famoso** | 有名な |
| **Fresco** | 新鮮な |
| **Fuerte** | 強い |
| **Interesante** | 面白い |
| **Natural** | ナチュラル |
| **Normal** | 正常 |
| **Nuevo** | 新着 |
| **Orgulloso** | 誇り |
| **Picante** | 辛い |
| **Productivo** | 生産的 |
| **Responsable** | 責任者 |
| **Salado** | 塩辛い |
| **Saludable** | 元気 |
| **Seco** | ドライ |

### Agronomía
### 農学

| | |
|---|---|
| **Agricultura** | 農業 |
| **Agua** | 水 |
| **Ciencia** | 科学 |
| **Contaminación** | 汚染 |
| **Crecimiento** | 成長 |
| **Ecología** | 生態学 |
| **Energía** | エネルギー |
| **Enfermedades** | 病気 |
| **Erosión** | 侵食 |
| **Estudio** | 勉強 |
| **Fertilizante** | 肥料 |
| **Medio Ambiente** | 環境 |
| **Orgánico** | 有機 |
| **Plantas** | 植物 |
| **Producción** | 生産 |
| **Rural** | 田舎 |
| **Semillas** | 種子 |
| **Sistemas** | システム |
| **Sostenible** | 持続可能 |
| **Verduras** | 野菜 |

## Agua
水

| | |
|---|---|
| Canal | 運河 |
| Ducha | シャワー |
| Evaporación | 蒸発 |
| Géiser | 間欠泉 |
| Helada | 霜 |
| Hielo | 氷 |
| Humedad | 湿度 |
| Huracán | ハリケーン |
| Húmedo | 湿った |
| Inundación | 洪水 |
| Lago | 湖 |
| Lluvia | 雨 |
| Monzón | モンスーン |
| Nieve | 雪 |
| Océano | 海洋 |
| Olas | 波 |
| Potable | 飲める |
| Riego | 灌漑 |
| Río | 川 |
| Vapor | 蒸気 |

## Ajedrez
チェス

| | |
|---|---|
| Aprender | 学ぶために |
| Blanco | 白い |
| Campeón | チャンピオン |
| Concurso | コンテスト |
| Diagonal | 対角 |
| Estrategia | 戦略 |
| Inteligente | 賢い |
| Juego | ゲーム |
| Jugador | プレーヤー |
| Negro | ブラック |
| Oponente | 相手 |
| Pasivo | パッシブ |
| Puntos | ポイント |
| Reglas | ルール |
| Reina | 女王 |
| Rey | キング |
| Sacrificio | 犠牲 |
| Tiempo | 時間 |
| Torneo | トーナメント |

## Antártida
南極大陸

| | |
|---|---|
| Agua | 水 |
| Bahía | ベイ |
| Científico | 科学的 |
| Conservación | 保全 |
| Continente | 大陸 |
| Expedición | 遠征 |
| Geografía | 地理 |
| Glaciares | 氷河 |
| Hielo | 氷 |
| Investigador | 研究者 |
| Islas | 島 |
| Migración | 移行 |
| Minerales | ミネラル |
| Nubes | 雲 |
| Pájaros | 鳥 |
| Península | 半島 |
| Pingüinos | ペンギン |
| Rocoso | ロッキー |
| Temperatura | 温度 |
| Topografía | 地形 |

## Antigüedades
アンティーク

| | |
|---|---|
| Arte | アート |
| Auténtico | オーセンティック |
| Calidad | 品質 |
| Decorativo | 装飾 |
| Décadas | 数十年 |
| Elegante | エレガント |
| Escultura | 彫刻 |
| Estilo | スタイル |
| Galería | ギャラリー |
| Inusual | 珍しい |
| Inversión | 投資 |
| Joyas | ジュエリー |
| Monedas | コイン |
| Mueble | 家具 |
| Precio | 価格 |
| Restauración | 復元 |
| Siglo | 世紀 |
| Subasta | 競売 |
| Valor | 値 |
| Viejo | 古い |

## Arqueología
考古学

| | |
|---|---|
| Análisis | 分析 |
| Años | 年 |
| Cerámica | 陶器 |
| Civilización | 文明 |
| Descendiente | 子孫 |
| Desconocido | 不明 |
| Equipo | チーム |
| Era | 時代 |
| Evaluación | 評価 |
| Experto | 専門家 |
| Fósil | 化石 |
| Huesos | 骨 |
| Investigador | 研究者 |
| Misterio | ミステリー |
| Objetos | オブジェクト |
| Olvidado | 忘れられた |
| Profesor | 教授 |
| Reliquia | 遺物 |
| Templo | 寺 |
| Tumba | 墓 |

## Artes Visuales
ビジュアルアーツ

| | |
|---|---|
| Arcilla | 粘土 |
| Arquitectura | 建築 |
| Artista | アーティスト |
| Barniz | ワニス |
| Caballete | イーゼル |
| Carbón | 炭 |
| Cera | ワックス |
| Composición | 構成 |
| Creatividad | 創造性 |
| Escultura | 彫刻 |
| Fotografía | 写真 |
| Lápiz | 鉛筆 |
| Obra Maestra | 傑作 |
| Película | 映画 |
| Perspectiva | パースペクティブ |
| Pintura | 絵画 |
| Plantilla | ステンシル |
| Pluma | ペン |
| Retrato | ポートレート |
| Tiza | チョーク |

## Astronomía
### 天文学

| | |
|---|---|
| Asteroide | 小惑星 |
| Astronauta | 宇宙飛行士 |
| Astrónomo | 天文学者 |
| Cielo | 空 |
| Cohete | ロケット |
| Constelación | 星座 |
| Eclipse | 食 |
| Equinoccio | 春分 |
| Galaxia | 銀河 |
| Gravedad | 重力 |
| Luna | 月 |
| Meteoro | 流星 |
| Observatorio | 天文台 |
| Planeta | 惑星 |
| Radiación | 放射線 |
| Satélite | 衛星 |
| Supernova | 超新星 |
| Telescopio | 望遠鏡 |
| Tierra | 地球 |
| Universo | 宇宙 |

## Aviones
### 飛行機

| | |
|---|---|
| Aire | 空気 |
| Altitud | 高度 |
| Altura | 高さ |
| Aterrizaje | 着陸 |
| Atmósfera | 雰囲気 |
| Aventura | 冒険 |
| Cielo | 空 |
| Combustible | 燃料 |
| Construcción | 建設 |
| Dirección | 方向 |
| Diseño | 設計 |
| Globo | バルーン |
| Hélices | プロペラ |
| Hidrógeno | 水素 |
| Historia | 歴史 |
| Motor | エンジン |
| Pasajero | 旅客 |
| Piloto | パイロット |
| Tripulación | クルー |
| Turbulencia | 乱流 |

## Álgebra
### 代数学

| | |
|---|---|
| Cantidad | 量 |
| Cero | ゼロ |
| Diagrama | 図 |
| Ecuación | 方程式 |
| Exponente | 指数 |
| Factor | 因子 |
| Falso | 偽 |
| Fórmula | 式 |
| Fracción | 分数 |
| Gráfico | グラフ |
| Infinito | 無限 |
| Lineal | 線形 |
| Matriz | マトリックス |
| Número | 番号 |
| Paréntesis | 括弧 |
| Problema | 問題 |
| Resta | 減算 |
| Simplificar | 単純化 |
| Solución | 解決 |
| Variable | 変数 |

## Ballet
### バレエ

| | |
|---|---|
| Aplauso | 拍手 |
| Artístico | 芸術的 |
| Bailarina | バレリーナ |
| Bailarines | ダンサー |
| Compositor | 作曲家 |
| Coreografía | 振り付け |
| Ensayo | リハーサル |
| Estilo | スタイル |
| Expresivo | 表現力豊かな |
| Gesto | ジェスチャー |
| Habilidad | スキル |
| Intensidad | 強度 |
| Lecciones | レッスン |
| Músculos | 筋肉 |
| Música | 音楽 |
| Orquesta | オーケストラ |
| Práctica | 練習 |
| Ritmo | リズム |
| Solo | ソロ |
| Técnica | 技術 |

## Barbacoas
### バーベキュー

| | |
|---|---|
| Almuerzo | ランチ |
| Caliente | ホット |
| Cebollas | 玉ねぎ |
| Cena | 夕食 |
| Cuchillos | ナイフ |
| Ensaladas | サラダ |
| Familia | 家族 |
| Fruta | フルーツ |
| Hambre | 飢餓 |
| Juegos | ゲーム |
| Música | 音楽 |
| Niños | 子供達 |
| Parrilla | グリル |
| Pimienta | コショウ |
| Pollo | チキン |
| Sal | 塩 |
| Salsa | ソース |
| Tomates | トマト |
| Verano | 夏 |
| Verduras | 野菜 |

## Barcos
### ボート

| | |
|---|---|
| Ancla | アンカー |
| Balsa | いかだ |
| Boya | ブイ |
| Canoa | カヌー |
| Cuerda | ロープ |
| Ferry | フェリー |
| Kayak | カヤック |
| Lago | 湖 |
| Mar | 海 |
| Marea | 潮 |
| Marinero | セーラー |
| Mástil | マスト |
| Motor | エンジン |
| Náutico | ノーティカル |
| Océano | 海洋 |
| Olas | 波 |
| Río | 川 |
| Tripulación | クルー |
| Yate | ヨット |

## Belleza
### ビューティー

| | |
|---|---|
| Aceites | オイル |
| Champú | シャンプー |
| Color | 色 |
| Cosméticos | 化粧品 |
| Elegancia | 優雅 |
| Elegante | エレガント |
| Encanto | 魅力 |
| Espejo | 鏡 |
| Estilista | スタイリスト |
| Fotogénico | フォトジェニック |
| Fragancia | 香り |
| Maquillaje | 化粧 |
| Piel | 肌 |
| Pintalabios | 口紅 |
| Productos | 製品 |
| Rizos | カール |
| Rímel | マスカラ |
| Servicios | サービス |
| Tijeras | はさみ |

## Biología
### 生物学

| | |
|---|---|
| Anatomía | 解剖学 |
| Bacterias | 細菌 |
| Celda | 細胞 |
| Colágeno | コラーゲン |
| Cromosoma | 染色体 |
| Embrión | 胚 |
| Enzima | 酵素 |
| Evolución | 進化 |
| Fotosíntesis | 光合成 |
| Hormona | ホルモン |
| Mamífero | 哺乳類 |
| Mutación | 突然変異 |
| Natural | ナチュラル |
| Nervio | 神経 |
| Neurona | ニューロン |
| Ósmosis | 浸透 |
| Proteína | タンパク質 |
| Reptil | 爬虫類 |
| Simbiosis | 共生 |
| Sinapsis | シナプス |

## Boxeo
### ボクシング

| | |
|---|---|
| Árbitro | 審判 |
| Barbilla | 顎 |
| Campana | ベル |
| Centrar | フォーカス |
| Codo | 肘 |
| Cuerdas | ロープ |
| Cuerpo | 体 |
| Esquina | コーナー |
| Exhausto | 疲れた |
| Fuerza | 強さ |
| Guantes | 手袋 |
| Habilidad | スキル |
| Lesiones | 怪我 |
| Luchador | 戦闘機 |
| Oponente | 相手 |
| Patear | キック |
| Puntos | ポイント |
| Puño | 拳 |
| Recuperación | 回復 |

## Calentamiento Global
### 地球温暖化

| | |
|---|---|
| Ahora | 今 |
| Ambiental | 環境 |
| Atención | 注意 |
| Ártico | 北極 |
| Científico | 科学者 |
| Clima | 気候 |
| Consecuencias | 結果 |
| Crisis | 危機 |
| Datos | データ |
| Desarrollo | 発達 |
| Energía | エネルギー |
| Futuro | 未来 |
| Gas | ガス |
| Generaciones | 世代 |
| Gobierno | 政府 |
| Industria | 業界 |
| Internacional | 国際 |
| Legislación | 法律 |
| Poblaciones | 人口 |
| Temperaturas | 温度 |

## Camping
### キャンプ

| | |
|---|---|
| Animales | 動物 |
| Aventura | 冒険 |
| Árboles | 木 |
| Bosque | 森 |
| Brújula | コンパス |
| Cabina | キャビン |
| Canoa | カヌー |
| Carpa | テント |
| Caza | 狩猟 |
| Cuerda | ロープ |
| Fuego | 火 |
| Hamaca | ハンモック |
| Insecto | 昆虫 |
| Lago | 湖 |
| Linterna | ランタン |
| Luna | 月 |
| Mapa | 地図 |
| Montaña | 山 |
| Naturaleza | 自然 |
| Sombrero | 帽子 |

## Casa
### ハウス

| | |
|---|---|
| Alfombra | ラグ |
| Ático | 屋根裏 |
| Biblioteca | 図書館 |
| Chimenea | 暖炉 |
| Cocina | キッチン |
| Dormitorio | 寝室 |
| Ducha | シャワー |
| Escoba | ほうき |
| Espejo | 鏡 |
| Garaje | ガレージ |
| Grifo | 蛇口 |
| Jardín | 庭 |
| Lámpara | ランプ |
| Pared | 壁 |
| Piso | 床 |
| Puerta | ドア |
| Sótano | 地下 |
| Techo | 屋根 |
| Valla | フェンス |
| Ventana | 窓 |

### Chocolate
### チョコレート

| | |
|---|---|
| Amargo | 苦い |
| Antioxidante | 酸化防止剤 |
| Aroma | 香り |
| Artesanal | 職人 |
| Azúcar | 砂糖 |
| Cacahuetes | ピーナッツ |
| Cacao | カカオ |
| Calidad | 品質 |
| Calorías | カロリー |
| Caramelo | カラメル |
| Coco | ココナッツ |
| Delicioso | 美味しい |
| Dulce | 甘い |
| Exótico | エキゾチック |
| Favorito | お気に入り |
| Gusto | 味 |
| Ingrediente | 成分 |
| Polvo | 粉 |
| Receta | レシピ |

### Ciencia
### 理科

| | |
|---|---|
| Átomo | 原子 |
| Científico | 科学者 |
| Clima | 気候 |
| Datos | データ |
| Evolución | 進化 |
| Experimento | 実験 |
| Física | 物理学 |
| Fósil | 化石 |
| Gravedad | 重力 |
| Hecho | 事実 |
| Hipótesis | 仮説 |
| Laboratorio | 研究室 |
| Método | 方法 |
| Minerales | ミネラル |
| Moléculas | 分子 |
| Naturaleza | 自然 |
| Organismo | 生物 |
| Partículas | 粒子 |
| Plantas | 植物 |
| Químico | 化学薬品 |

### Ciencia Ficción
### サイエンス・フィクション

| | |
|---|---|
| Atómico | アトミック |
| Cine | シネマ |
| Distante | 遠い |
| Escenario | シナリオ |
| Explosión | 爆発 |
| Fantástico | 素晴らしい |
| Fuego | 火 |
| Futurista | 未来的 |
| Galaxia | 銀河 |
| Ilusión | イリュージョン |
| Imaginario | 虚数 |
| Libros | 書籍 |
| Misterioso | 神秘的な |
| Mundo | 世界 |
| Oráculo | オラクル |
| Planeta | 惑星 |
| Realista | 現実的 |
| Robots | ロボット |
| Tecnología | 技術 |
| Utopía | ユートピア |

### Ciudad
### 町

| | |
|---|---|
| Aeropuerto | 空港 |
| Banco | 銀行 |
| Biblioteca | 図書館 |
| Cine | シネマ |
| Clínica | 診療所 |
| Escuela | 学校 |
| Estadio | スタジアム |
| Farmacia | 薬局 |
| Florista | 花屋 |
| Galería | ギャラリー |
| Hotel | ホテル |
| Librería | 書店 |
| Mercado | 市場 |
| Museo | 博物館 |
| Panadería | ベーカリー |
| Supermercado | スーパーマーケット |
| Teatro | 劇場 |
| Tienda | 店 |
| Universidad | 大学 |
| Zoo | 動物園 |

### Clima
### 天気

| | |
|---|---|
| Atmósfera | 雰囲気 |
| Brisa | そよ風 |
| Cielo | 空 |
| Clima | 気候 |
| Hielo | 氷 |
| Huracán | ハリケーン |
| Inundación | 洪水 |
| Monzón | モンスーン |
| Niebla | 霧 |
| Nube | 雲 |
| Polar | 極性 |
| Rayo | 稲妻 |
| Seco | ドライ |
| Sequía | 旱魃 |
| Temperatura | 温度 |
| Tormenta | 嵐 |
| Tornado | 竜巻 |
| Tropical | トロピカル |
| Trueno | 雷 |
| Viento | 風 |

### Colores
### [色]

| | |
|---|---|
| Amarillo | 黄色 |
| Azul | 青 |
| Azur | 紺碧 |
| Beige | ベージュ |
| Blanco | 白い |
| Carmesí | クリムゾン |
| Cian | シアン |
| Fucsia | フクシア |
| Gris | グレー |
| Índigo | インジゴ |
| Magenta | マゼンタ |
| Marrón | 茶色 |
| Naranja | オレンジ |
| Negro | ブラック |
| Púrpura | 紫 |
| Rojo | 赤 |
| Rosa | ピンク |
| Sepia | セピア |
| Verde | 緑 |
| Violeta | バイオレット |

## Comida #1 / 食べ物 #1

| | |
|---|---|
| Ajo | ニンニク |
| Albahaca | バジル |
| Atún | ツナ |
| Azúcar | 砂糖 |
| Canela | シナモン |
| Carne | 肉 |
| Cebada | オオムギ |
| Cebolla | 玉葱 |
| Ensalada | サラダ |
| Espinacas | ほうれん草 |
| Fresa | 苺 |
| Jugo | ジュース |
| Leche | ミルク |
| Limón | レモン |
| Menta | ミント |
| Nabo | カブ |
| Pera | 梨 |
| Sal | 塩 |
| Sopa | スープ |
| Zanahoria | にんじん |

## Comida #2 / 食べ物 #2

| | |
|---|---|
| Alcachofa | アーティチョーク |
| Almendra | アーモンド |
| Apio | セロリ |
| Arroz | 米 |
| Berenjena | 茄子 |
| Cereza | チェリー |
| Chocolate | チョコレート |
| Girasol | ひまわり |
| Huevo | 卵 |
| Jengibre | ショウガ |
| Kiwi | キウイ |
| Manzana | アップル |
| Pan | パン |
| Plátano | バナナ |
| Pollo | チキン |
| Queso | チーズ |
| Tomate | トマト |
| Trigo | 小麦 |
| Uva | 葡萄 |
| Yogur | ヨーグルト |

## Conduciendo / 運転

| | |
|---|---|
| Accidente | 事故 |
| Autobús | バス |
| Calle | ストリート |
| Camión | トラック |
| Coche | 車 |
| Combustible | 燃料 |
| Frenos | ブレーキ |
| Garaje | ガレージ |
| Gas | ガス |
| Licencia | ライセンス |
| Mapa | 地図 |
| Motocicleta | オートバイ |
| Motor | モーター |
| Peatonal | 歩行者 |
| Peligro | 危険 |
| Policía | 警察 |
| Seguridad | 安全性 |
| Tráfico | 交通 |
| Túnel | トンネル |
| Velocidad | 速度 |

## Creatividad / 創造性

| | |
|---|---|
| Artístico | 芸術的 |
| Autenticidad | 信憑性 |
| Claridad | 明快 |
| Dramático | 劇的 |
| Emociones | 感情 |
| Espontáneo | 自発 |
| Expresión | 表現 |
| Fluidez | 流動性 |
| Habilidad | スキル |
| Ideas | アイデア |
| Imagen | 画像 |
| Imaginación | 想像力 |
| Impresión | 印象 |
| Inspiración | インスピレーション |
| Intensidad | 強度 |
| Intuición | 直感 |
| Inventivo | 発明 |
| Sensación | 感覚 |
| Visiones | ビジョン |
| Vitalidad | 活力 |

## Cuerpo Humano / 人体

| | |
|---|---|
| Barbilla | 顎 |
| Boca | 口 |
| Cabeza | 頭 |
| Cara | 顔 |
| Cerebro | 脳 |
| Codo | 肘 |
| Corazón | 心臓 |
| Cuello | 首 |
| Dedo | 指 |
| Hombro | 肩 |
| Lengua | 舌 |
| Mano | 手 |
| Nariz | 鼻 |
| Ojo | 目 |
| Oreja | 耳 |
| Piel | 肌 |
| Pierna | 足 |
| Rodilla | 膝 |
| Sangre | 血 |
| Tobillo | 足首 |

## Diplomacia / 外交

| | |
|---|---|
| Asesor | 顧問 |
| Comunidad | コミュニティ |
| Conflicto | 対立 |
| Cooperación | 協力 |
| Diplomático | 外交 |
| Discusión | 議論 |
| Embajada | 大使館 |
| Embajador | 大使 |
| Extranjero | 外国人 |
| Ética | 倫理 |
| Gobierno | 政府 |
| Humanitario | 人道主義者 |
| Idiomas | 言語 |
| Integridad | 整合性 |
| Justicia | 正義 |
| Política | 政治 |
| Resolución | 解像度 |
| Seguridad | 安全 |
| Solución | 解決 |
| Tratado | 条約 |

## Disciplinas Científicas
## 科学分野

| | |
|---|---|
| Anatomía | 解剖学 |
| Arqueología | 考古学 |
| Astronomía | 天文学 |
| Biología | 生物学 |
| Bioquímica | 生化学 |
| Botánica | 植物学 |
| Ecología | 生態学 |
| Fisiología | 生理 |
| Geología | 地質学 |
| Inmunología | 免疫学 |
| Lingüística | 言語学 |
| Mecánica | 力学 |
| Meteorología | 気象学 |
| Mineralogía | 鉱物学 |
| Neurología | 神経学 |
| Psicología | 心理学 |
| Química | 化学 |
| Sociología | 社会学 |
| Termodinámica | 熱力学 |
| Zoología | 動物学 |

## Días y Meses
## 日と月

| | |
|---|---|
| Abril | エイプリル |
| Agosto | 八月 |
| Año | 年 |
| Calendario | カレンダー |
| Domingo | 日曜日 |
| Febrero | 二月 |
| Jueves | 木曜日 |
| Julio | 七月 |
| Junio | 六月 |
| Lunes | 月曜日 |
| Martes | 火曜日 |
| Marzo | 行進 |
| Mayo | 五月 |
| Mes | 月 |
| Miércoles | 水曜日 |
| Noviembre | 十一月 |
| Sábado | 土曜日 |
| Semana | 週 |
| Septiembre | セプテンバー |
| Viernes | 金曜日 |

## Ecología
## エコロジー

| | |
|---|---|
| Clima | 気候 |
| Comunidades | コミュニティ |
| Diversidad | 多様性 |
| Especie | 種 |
| Fauna | 動物相 |
| Flora | フローラ |
| Global | グローバル |
| Hábitat | 生息地 |
| Marino | マリン |
| Montañas | 山 |
| Natural | ナチュラル |
| Naturaleza | 自然 |
| Pantano | マーシュ |
| Plantas | 植物 |
| Recursos | リソース |
| Sequía | 旱魃 |
| Sostenible | 持続可能 |
| Supervivencia | 生存 |
| Vegetación | 植生 |
| Voluntarios | ボランティア |

## Edificios
## 建物

| | |
|---|---|
| Albergue | ホステル |
| Apartamento | アパート |
| Castillo | 城 |
| Cine | シネマ |
| Embajada | 大使館 |
| Escuela | 学校 |
| Estadio | スタジアム |
| Fábrica | 工場 |
| Garaje | ガレージ |
| Granero | 納屋 |
| Granja | 農場 |
| Hospital | 病院 |
| Hotel | ホテル |
| Laboratorio | 研究室 |
| Museo | 博物館 |
| Observatorio | 天文台 |
| Supermercado | スーパーマーケット |
| Teatro | 劇場 |
| Torre | タワー |
| Universidad | 大学 |

## Electricidad
## 電気

| | |
|---|---|
| Almacenamiento | ストレージ |
| Batería | 電池 |
| Bombilla | 電球 |
| Cable | ケーブル |
| Cables | ワイヤ |
| Cantidad | 量 |
| Electricista | 電気技師 |
| Eléctrico | 電気 |
| Enchufe | ソケット |
| Generador | 発生器 |
| Imán | 磁石 |
| Lámpara | ランプ |
| Láser | レーザー |
| Negativo | 負 |
| Objetos | オブジェクト |
| Positivo | 正 |
| Red | 通信網 |
| Televisión | テレビ |
| Teléfono | 電話 |

## Energía
## エネルギー

| | |
|---|---|
| Batería | 電池 |
| Calor | 熱 |
| Carbono | 炭素 |
| Combustible | 燃料 |
| Contaminación | 汚染 |
| Diesel | ディーゼル |
| Electrón | 電子 |
| Eléctrico | 電気 |
| Entropía | エントロピー |
| Fotón | 光子 |
| Gasolina | ガソリン |
| Hidrógeno | 水素 |
| Industria | 業界 |
| Motor | モーター |
| Nuclear | 核 |
| Renovable | 再生可能 |
| Sol | 太陽 |
| Turbina | タービン |
| Vapor | 蒸気 |
| Viento | 風 |

## Enfermedad
### 病気

| Abdominal | 腹部 |
| --- | --- |
| Alergias | アレルギー |
| Bienestar | ウェルネス |
| Contagioso | 伝染性 |
| Corazón | 心臓 |
| Crónica | 慢性 |
| Cuerpo | 体 |
| Débil | 弱い |
| Genético | 遺伝 |
| Hereditario | 遺伝性 |
| Huesos | 骨 |
| Inflamación | 炎症 |
| Inmunidad | 免疫 |
| Lumbar | 腰椎 |
| Neuropatía | 神経障害 |
| Pulmonar | 肺 |
| Respiratorio | 呼吸器 |
| Salud | 健康 |
| Síndrome | 症候群 |
| Terapia | 治療 |

## Especias
### スパイス

| Agrio | サワー |
| --- | --- |
| Ajo | ニンニク |
| Amargo | 苦い |
| Anís | アニス |
| Azafrán | サフラン |
| Canela | シナモン |
| Cebolla | 玉葱 |
| Clavo | クローブ |
| Comino | クミン |
| Curry | カレー |
| Dulce | 甘い |
| Hinojo | フェンネル |
| Jengibre | ショウガ |
| Nuez Moscada | ナツメグ |
| Pimentón | パプリカ |
| Pimienta | コショウ |
| Regaliz | 甘草 |
| Sabor | 味 |
| Sal | 塩 |
| Vainilla | バニラ |

## Familia
### ファミリー

| Abuela | おばあちゃん |
| --- | --- |
| Abuelo | 祖父 |
| Antepasado | 祖先 |
| Esposa | 妻 |
| Hermana | 姉妹 |
| Hermano | 兄弟 |
| Hija | 娘 |
| Infancia | 子供の頃 |
| Madre | 母 |
| Marido | 夫 |
| Materno | 母性 |
| Nieto | 孫 |
| Niño | 子供 |
| Niños | 子供達 |
| Padre | 父 |
| Primo | いとこ |
| Sobrina | 姪 |
| Sobrino | 甥 |
| Tía | 叔母 |
| Tío | 叔父 |

## Física
### 物理学

| Aceleración | 加速 |
| --- | --- |
| Átomo | 原子 |
| Caos | 混沌 |
| Densidad | 密度 |
| Electrón | 電子 |
| Fórmula | 式 |
| Frecuencia | 周波数 |
| Gas | ガス |
| Gravedad | 重力 |
| Magnetismo | 磁気 |
| Masa | 質量 |
| Mecánica | 力学 |
| Molécula | 分子 |
| Motor | エンジン |
| Nuclear | 核 |
| Partícula | 粒子 |
| Químico | 化学薬品 |
| Relatividad | 相対性理論 |
| Universal | ユニバーサル |
| Velocidad | 速度 |

## Flores
### 花々

| Amapola | ポピー |
| --- | --- |
| Diente de León | タンポポ |
| Gardenia | クチナシ |
| Girasol | ひまわり |
| Hibisco | ハイビスカス |
| Jazmín | ジャスミン |
| Lavanda | ラベンダー |
| Lila | ライラック |
| Lirio | 百合 |
| Magnolia | マグノリア |
| Margarita | デイジー |
| Orquídea | 蘭 |
| Pasionaria | トケイソウ |
| Peonía | 牡丹 |
| Pétalo | 花弁 |
| Plumeria | プルメリア |
| Ramo | 花束 |
| Trébol | クローバー |
| Tulipán | チューリップ |

## Fruta
### フルーツ

| Aguacate | アボカド |
| --- | --- |
| Albaricoque | アプリコット |
| Baya | ベリー |
| Cereza | チェリー |
| Coco | ココナッツ |
| Frambuesa | ラズベリー |
| Guayaba | グアバ |
| Kiwi | キウイ |
| Limón | レモン |
| Mango | マンゴー |
| Manzana | アップル |
| Melocotón | 桃 |
| Melón | メロン |
| Naranja | オレンジ |
| Nectarina | ネクタリン |
| Papaya | パパイヤ |
| Pera | 梨 |
| Piña | パイナップル |
| Plátano | バナナ |
| Uva | 葡萄 |

## Fuerza y Gravedad
## 力と重力

| | |
|---|---|
| Centro | センター |
| Descubrimiento | 発見 |
| Dinámico | 動的 |
| Distancia | 距離 |
| Eje | 軸 |
| Expansión | 拡張 |
| Física | 物理学 |
| Fricción | 摩擦 |
| Impacto | 影響 |
| Magnetismo | 磁気 |
| Magnitud | マグニチュード |
| Mecánica | 力学 |
| Órbita | 軌道 |
| Peso | 重さ |
| Planetas | 惑星 |
| Presión | 圧力 |
| Propiedades | プロパティ |
| Tiempo | 時間 |
| Universal | ユニバーサル |
| Velocidad | 速度 |

## Geografía
## 地理学

| | |
|---|---|
| Altitud | 高度 |
| Atlas | アトラス |
| Ciudad | 市 |
| Continente | 大陸 |
| Hemisferio | 半球 |
| Isla | 島 |
| Latitud | 緯度 |
| Longitud | 経度 |
| Mapa | 地図 |
| Mar | 海 |
| Meridiano | 子午線 |
| Montaña | 山 |
| Mundo | 世界 |
| Norte | 北 |
| Oeste | 西 |
| País | 国 |
| Región | 領域 |
| Río | 川 |
| Sur | 南 |
| Territorio | 地域 |

## Geología
## 地質学

| | |
|---|---|
| Ácido | 酸 |
| Calcio | カルシウム |
| Capa | 層 |
| Caverna | 洞窟 |
| Continente | 大陸 |
| Coral | コーラル |
| Cristales | 結晶 |
| Cuarzo | 石英 |
| Erosión | 侵食 |
| Estalactita | 鍾乳石 |
| Estalagmitas | 石筍 |
| Fósil | 化石 |
| Géiser | 間欠泉 |
| Lava | 溶岩 |
| Meseta | 高原 |
| Minerales | ミネラル |
| Piedra | 石 |
| Sal | 塩 |
| Terremoto | 地震 |
| Volcán | 火山 |

## Geometría
## ジオメトリ

| | |
|---|---|
| Altura | 高さ |
| Ángulo | 角度 |
| Cálculo | 計算 |
| Curva | 曲線 |
| Diámetro | 直径 |
| Dimensión | 次元 |
| Ecuación | 方程式 |
| Horizontal | 水平 |
| Lógica | 論理 |
| Masa | 質量 |
| Mediana | 中央値 |
| Número | 番号 |
| Paralelo | 平行 |
| Proporción | 割合 |
| Segmento | セグメント |
| Simetría | 対称 |
| Superficie | 表面 |
| Teoría | 理論 |
| Triángulo | 三角形 |
| Vertical | 垂直 |

## Gobierno
## 政府

| | |
|---|---|
| Ciudadanía | 市民権 |
| Civil | 市民 |
| Constitución | 憲法 |
| Democracia | 民主主義 |
| Derechos | 権利 |
| Discurso | スピーチ |
| Discusión | 議論 |
| Estado | 状態 |
| Igualdad | 平等 |
| Independencia | 独立 |
| Judicial | 司法 |
| Justicia | 正義 |
| Ley | 法律 |
| Libertad | 自由 |
| Líder | リーダー |
| Monumento | 記念碑 |
| Nación | 国家 |
| Pacífico | 平和 |
| Política | 政治 |
| Símbolo | シンボル |

## Granja #1
## ファーム #1

| | |
|---|---|
| Abeja | 蜂 |
| Agricultura | 農業 |
| Agua | 水 |
| Arroz | 米 |
| Burro | ロバ |
| Caballo | 馬 |
| Cabra | ヤギ |
| Campo | フィールド |
| Cuervo | カラス |
| Fertilizante | 肥料 |
| Gato | 猫 |
| Heno | ヘイ |
| Miel | 蜂蜜 |
| Perro | 犬 |
| Pollo | チキン |
| Semillas | 種子 |
| Ternero | ふくらはぎ |
| Tierra | 土地 |
| Vaca | 牛 |
| Valla | フェンス |

## Granja #2
### ファーム #2

| | |
|---|---|
| Agricultor | 農家 |
| Animales | 動物 |
| Cebada | オオムギ |
| Colmena | 蜂の巣 |
| Comida | 食べ物 |
| Cordero | 子羊 |
| Fruta | フルーツ |
| Granero | 納屋 |
| Huerto | オーチャード |
| Leche | ミルク |
| Llama | ラマ |
| Maíz | コーン |
| Oveja | 羊 |
| Pastor | 羊飼い |
| Pato | アヒル |
| Prado | 牧草地 |
| Riego | 灌漑 |
| Tractor | トラクター |
| Trigo | 小麦 |
| Vegetal | 野菜 |

## Herboristería
### 本草学

| | |
|---|---|
| Ajo | ニンニク |
| Albahaca | バジル |
| Aromático | 芳香族 |
| Azafrán | サフラン |
| Calidad | 品質 |
| Culinario | 料理 |
| Eneldo | ディル |
| Estragón | タラゴン |
| Flor | 花 |
| Hinojo | フェンネル |
| Ingrediente | 成分 |
| Jardín | 庭 |
| Lavanda | ラベンダー |
| Mejorana | マージョラム |
| Menta | ミント |
| Perejil | パセリ |
| Planta | 植物 |
| Romero | ローズマリー |
| Sabor | 味 |
| Verde | 緑 |

## Ingeniería
### エンジニアリング

| | |
|---|---|
| Ángulo | 角度 |
| Cálculo | 計算 |
| Construcción | 建設 |
| Diagrama | 図 |
| Diámetro | 直径 |
| Diesel | ディーゼル |
| Distribución | 分布 |
| Eje | 軸 |
| Energía | エネルギー |
| Estabilidad | 安定性 |
| Estructura | 構造 |
| Fricción | 摩擦 |
| Fuerza | 強さ |
| Líquido | 液体 |
| Máquina | 機械 |
| Medición | 測定 |
| Motor | モーター |
| Palancas | レバー |
| Profundidad | 深さ |
| Propulsión | 推進 |

## Instrumentos Musicales
### 楽器

| | |
|---|---|
| Armónica | ハーモニカ |
| Arpa | ハープ |
| Banjo | バンジョー |
| Clarinete | クラリネット |
| Fagot | ファゴット |
| Flauta | フルート |
| Gong | ゴング |
| Guitarra | ギター |
| Mandolina | マンドリン |
| Marimba | マリンバ |
| Oboe | オーボエ |
| Pandereta | タンバリン |
| Percusión | パーカッション |
| Piano | ピアノ |
| Saxofón | サックス |
| Tambor | ドラム |
| Trombón | トロンボーン |
| Trompeta | トランペット |
| Violín | バイオリン |
| Violonchelo | チェロ |

## Jardinería
### ガーデニング

| | |
|---|---|
| Agua | 水 |
| Botánico | 植物 |
| Clima | 気候 |
| Comestible | 食用 |
| Compost | 堆肥 |
| Contenedor | 容器 |
| Especie | 種 |
| Estacional | 季節 |
| Exótico | エキゾチック |
| Flor | 花 |
| Floral | フローラル |
| Follaje | 葉 |
| Huerto | オーチャード |
| Humedad | 水分 |
| Manguera | ホース |
| Ramo | 花束 |
| Semillas | 種子 |
| Suciedad | 泥 |
| Suelo | 土 |

## Jardín
### ガーデン

| | |
|---|---|
| Arbusto | ブッシュ |
| Árbol | 木 |
| Banco | ベンチ |
| Césped | 芝生 |
| Estanque | 池 |
| Flor | 花 |
| Garaje | ガレージ |
| Hamaca | ハンモック |
| Hierba | 草 |
| Huerto | オーチャード |
| Jardín | 庭 |
| Malezas | 雑草 |
| Manguera | ホース |
| Pala | シャベル |
| Porche | ポーチ |
| Rastrillo | 熊手 |
| Suelo | 土 |
| Terraza | テラス |
| Trampolín | トランポリン |
| Valla | フェンス |

## Jazz
ジャズ

| | |
|---|---|
| Artista | アーティスト |
| Álbum | アルバム |
| Canción | 歌 |
| Composición | 構成 |
| Compositor | 作曲家 |
| Concierto | コンサート |
| Estilo | スタイル |
| Énfasis | 強調 |
| Famoso | 有名な |
| Favoritos | お気に入り |
| Género | ジャンル |
| Improvisación | 即興 |
| Música | 音楽 |
| Nuevo | 新着 |
| Orquesta | オーケストラ |
| Ritmo | リズム |
| Talento | 才能 |
| Tambores | ドラム |
| Técnica | 技術 |
| Viejo | 古い |

## La Empresa
ザ・カンパニー

| | |
|---|---|
| Calidad | 品質 |
| Creativo | クリエイティブ |
| Decisión | 決定 |
| Empleo | 雇用 |
| Global | グローバル |
| Industria | 業界 |
| Ingresos | 収益 |
| Innovador | 革新的 |
| Inversión | 投資 |
| Negocio | ビジネス |
| Posibilidad | 可能性 |
| Presentación | プレゼンテーション |
| Producto | 製品 |
| Profesional | プロ |
| Progreso | 進捗 |
| Recursos | リソース |
| Reputación | 評判 |
| Riesgos | リスク |
| Tendencias | トレンド |
| Unidades | 単位 |

## Libros
書籍

| | |
|---|---|
| Autor | 著者 |
| Aventura | 冒険 |
| Colección | コレクション |
| Dualidad | 二重性 |
| Epopeya | エピック |
| Escrito | 書かれた |
| Historia | ストーリー |
| Histórico | 歴史的 |
| Humorístico | ユーモラス |
| Inventivo | 発明 |
| Lector | 読者 |
| Literario | 文学 |
| Narrador | ナレーター |
| Novela | 小説 |
| Palabras | 言葉 |
| Página | ページ |
| Pertinente | 関連する |
| Poema | 詩 |
| Serie | シリーズ |
| Trágico | 悲劇的 |

## Literatura
文学

| | |
|---|---|
| Analogía | 類推 |
| Análisis | 分析 |
| Anécdota | 逸話 |
| Autor | 著者 |
| Biografía | 伝記 |
| Comparación | 比較 |
| Conclusión | 結論 |
| Descripción | 説明 |
| Diálogo | 対話 |
| Estilo | スタイル |
| Ficción | フィクション |
| Metáfora | 比喩 |
| Narrador | ナレーター |
| Novela | 小説 |
| Poema | 詩 |
| Poético | 詩的 |
| Rima | 韻 |
| Ritmo | リズム |
| Tema | テーマ |
| Tragedia | 悲劇 |

## Los Medios de Comunicación
メディア

| | |
|---|---|
| Actitudes | 態度 |
| Comercial | 商業 |
| Comunicación | 通信 |
| Digital | デジタル |
| Edición | 版 |
| Educación | 教育 |
| En Línea | オンライン |
| Financiación | 資金調達 |
| Fotos | 写真 |
| Hechos | 事実 |
| Industria | 業界 |
| Intelectual | 知的 |
| Local | ローカル |
| Opinión | 意見 |
| Periódicos | 新聞 |
| Público | 公共 |
| Radio | ラジオ |
| Red | 通信網 |
| Revistas | 雑誌 |
| Televisión | テレビ |

## Mamíferos
哺乳類

| | |
|---|---|
| Ballena | 鯨 |
| Burro | ロバ |
| Caballo | 馬 |
| Camello | キャメル |
| Canguro | カンガルー |
| Cebra | シマウマ |
| Conejo | うさぎ |
| Coyote | コヨーテ |
| Delfín | イルカ |
| Elefante | 象 |
| Gato | 猫 |
| Gorila | ゴリラ |
| Jirafa | キリン |
| Lobo | 狼 |
| Mono | 猿 |
| Oso | 熊 |
| Oveja | 羊 |
| Perro | 犬 |
| Toro | ブル |
| Zorro | 狐 |

## Matemáticas
### 数学

| | |
|---|---|
| Aritmética | 算術 |
| Ángulos | 角度 |
| Circunferencia | 円周 |
| Decimal | 小数 |
| Diámetro | 直径 |
| Ecuación | 方程式 |
| Exponente | 指数 |
| Fracción | 分数 |
| Geometría | 幾何学 |
| Números | 数字 |
| Paralelo | 平行 |
| Paralelogramo | 平行四辺形 |
| Perímetro | 周囲 |
| Perpendicular | 垂直 |
| Polígono | 多角形 |
| Radio | 半径 |
| Rectángulo | 矩形 |
| Simetría | 対称 |
| Triángulo | 三角形 |
| Volumen | ボリューム |

## Mediciones
### 測定値

| | |
|---|---|
| Altura | 高さ |
| Ancho | 幅 |
| Byte | バイト |
| Centímetro | センチメートル |
| Decimal | 小数 |
| Grado | 度 |
| Gramo | グラム |
| Kilogramo | キログラム |
| Kilómetro | キロメートル |
| Litro | リットル |
| Longitud | 長さ |
| Masa | 質量 |
| Metro | メーター |
| Minuto | 分 |
| Onza | オンス |
| Peso | 重さ |
| Profundidad | 深さ |
| Pulgada | インチ |
| Tonelada | トン |
| Volumen | ボリューム |

## Meditación
### 瞑想

| | |
|---|---|
| Aceptación | 受け入れ |
| Atención | 注意 |
| Bondad | 親切 |
| Claridad | 明快 |
| Compasión | 思いやり |
| Emociones | 感情 |
| Gratitud | 感謝 |
| Hábitos | 習慣 |
| Mental | メンタル |
| Mente | マインド |
| Movimiento | 動き |
| Música | 音楽 |
| Naturaleza | 自然 |
| Observación | 観察 |
| Paz | 平和 |
| Pensamientos | 思考 |
| Perspectiva | パースペクティブ |
| Postura | 姿勢 |
| Respiración | 呼吸 |
| Silencio | 沈黙 |

## Mitología
### 神話

| | |
|---|---|
| Arquetipo | 原型 |
| Celos | 嫉妬 |
| Cielo | 天国 |
| Comportamiento | 行動 |
| Creación | 作成 |
| Creencias | 信念 |
| Criatura | 生き物 |
| Cultura | 文化 |
| Desastre | 災害 |
| Fuerza | 強さ |
| Guerrero | 戦士 |
| Héroe | ヒーロー |
| Inmortalidad | 不死 |
| Laberinto | ラビリンス |
| Leyenda | 伝説 |
| Monstruo | モンスター |
| Mortal | モータル |
| Rayo | 稲妻 |
| Trueno | 雷 |
| Venganza | 復讐 |

## Moda
### ファッション

| | |
|---|---|
| Asequible | 手頃な価格 |
| Bordado | 刺繍 |
| Botones | ボタン |
| Boutique | ノティック |
| Caro | 高価な |
| Elegante | エレガント |
| Encaje | レース |
| Estilo | スタイル |
| Mediciones | 測定 |
| Minimalista | ミニマリスト |
| Moderno | モダン |
| Original | オリジナル |
| Patrón | パターン |
| Práctico | 実用的 |
| Ropa | 衣類 |
| Sofisticado | 洗練された |
| Tejido | 生地 |
| Tendencia | トレンド |
| Textura | テクスチャ |

## Mueble
### 家具

| | |
|---|---|
| Alfombra | ラグ |
| Almohada | 枕 |
| Armario | 戸棚 |
| Banco | ベンチ |
| Cama | ベッド |
| Cojines | クッション |
| Colchón | マットレス |
| Cortinas | カーテン |
| Cómoda | ドレッサー |
| Edredones | 掛け布団 |
| Escritorio | 机 |
| Espejo | 鏡 |
| Estantería | 本棚 |
| Estantes | 棚 |
| Futón | 布団 |
| Hamaca | ハンモック |
| Lámpara | ランプ |
| Silla | 椅子 |
| Sillón | アームチェア |
| Sofá | ソファ |

## Música / 音楽

| Armonía | 調和 |
| --- | --- |
| Armónico | ハーモニック |
| Álbum | アルバム |
| Balada | バラード |
| Cantante | 歌手 |
| Cantar | 歌う |
| Clásico | クラシック |
| Coro | コーラス |
| Grabación | 録音 |
| Improvisar | 即興 |
| Instrumento | 楽器 |
| Melodía | メロディー |
| Micrófono | マイク |
| Musical | ミュージカル |
| Músico | 音楽家 |
| Ópera | オペラ |
| Poético | 詩的 |
| Ritmo | リズム |
| Tempo | テンポ |
| Vocal | ボーカル |

## Naturaleza / 自然

| Abejas | 蜂 |
| --- | --- |
| Animales | 動物 |
| Ártico | 北極 |
| Belleza | 美しさ |
| Bosque | 森 |
| Desierto | 砂漠 |
| Dinámico | 動的 |
| Erosión | 侵食 |
| Follaje | 葉 |
| Glaciar | 氷河 |
| Niebla | 霧 |
| Nubes | 雲 |
| Pacífico | 平和 |
| Refugio | シェルター |
| Río | 川 |
| Salvaje | 野生 |
| Santuario | サンクチュアリ |
| Sereno | 穏やか |
| Tropical | トロピカル |
| Vital | 重要 |

## Negocio / ビジネス

| Carrera | 経歴 |
| --- | --- |
| Costo | 費用 |
| Descuento | 割引 |
| Dinero | お金 |
| Economía | 経済学 |
| Empleado | 従業員 |
| Empleador | 雇用者 |
| Empresa | 会社 |
| Fábrica | 工場 |
| Finanzas | 金融 |
| Impuestos | 税金 |
| Inversión | 投資 |
| Mercancía | 商品 |
| Moneda | 通貨 |
| Oficina | オフィス |
| Presupuesto | 予算 |
| Tienda | 店 |
| Trabajo | 仕事 |
| Transacción | 取引 |
| Venta | 販売 |

## Nutrición / 栄養

| Amargo | 苦い |
| --- | --- |
| Apetito | 食欲 |
| Calidad | 品質 |
| Calorías | カロリー |
| Carbohidratos | 炭水化物 |
| Comestible | 食用 |
| Dieta | ダイエット |
| Digestión | 消化 |
| Equilibrado | バランス |
| Fermentación | 発酵 |
| Hábitos | 習慣 |
| Nutriente | 栄養素 |
| Peso | 重さ |
| Proteínas | タンパク質 |
| Sabor | 味 |
| Salsa | ソース |
| Salud | 健康 |
| Saludable | 元気 |
| Toxina | 毒素 |
| Vitamina | ビタミン |

## Números / 数字

| Catorce | 十四 |
| --- | --- |
| Cero | ゼロ |
| Cinco | 五 |
| Cuatro | 四 |
| Decimal | 小数 |
| Diecinueve | 十九 |
| Dieciocho | 十八 |
| Dieciséis | 十六 |
| Diecisiete | セブンティーン |
| Diez | 十 |
| Doce | 十二 |
| Dos | 二 |
| Nueve | 九 |
| Ocho | 八 |
| Quince | 十五 |
| Seis | 六 |
| Siete | セブン |
| Trece | 十三 |
| Tres | 三 |
| Veinte | 二十 |

## Océano / 海洋

| Alga | 藻 |
| --- | --- |
| Anguila | うなぎ |
| Arrecife | リーフ |
| Atún | ツナ |
| Ballena | 鯨 |
| Barco | ボート |
| Camarón | エビ |
| Cangrejo | カニ |
| Coral | コーラル |
| Delfín | イルカ |
| Esponja | スポンジ |
| Mareas | 潮汐 |
| Medusa | クラゲ |
| Ostra | カキ |
| Pescado | 魚 |
| Pulpo | たこ |
| Sal | 塩 |
| Tiburón | 鮫 |
| Tormenta | 嵐 |
| Tortuga | カメ |

## Paisajes
### 風景

| Cascada | 滝 |
|---|---|
| Cueva | 洞窟 |
| Desierto | 砂漠 |
| Estuario | 河口 |
| Géiser | 間欠泉 |
| Glaciar | 氷河 |
| Iceberg | 氷山 |
| Isla | 島 |
| Lago | 湖 |
| Laguna | ラグーン |
| Mar | 海 |
| Montaña | 山 |
| Oasis | オアシス |
| Pantano | 沼 |
| Península | 半島 |
| Playa | ビーチ |
| Río | 川 |
| Tundra | ツンドラ |
| Valle | 谷 |
| Volcán | 火山 |

## Países #1
### 国 #1

| Alemania | ドイツ |
|---|---|
| Argentina | アルゼンチン |
| Bélgica | ベルギー |
| Brasil | ブラジル |
| Canadá | カナダ |
| Ecuador | エクアドル |
| Egipto | エジプト |
| España | スペイン |
| Filipinas | フィリピン |
| Honduras | ホンジュラス |
| India | インド |
| Italia | イタリア |
| Libia | リビア |
| Malí | マリ |
| Marruecos | モロッコ |
| Nicaragua | ニカラグア |
| Noruega | ノルウェー |
| Panamá | パナマ |
| Polonia | ポーランド |
| Venezuela | ベネズエラ |

## Países #2
### 国 #2

| Albania | アルバニア |
|---|---|
| Australia | オーストラリア |
| Austria | オーストリア |
| Dinamarca | デンマーク |
| Etiopía | エチオピア |
| Francia | フランス |
| Grecia | ギリシャ |
| Indonesia | インドネシア |
| Irlanda | アイルランド |
| Jamaica | ジャマイカ |
| Japón | 日本 |
| Laos | ラオス |
| México | メキシコ |
| Pakistán | パキスタン |
| Portugal | ポルトガル |
| Rusia | ロシア |
| Siria | シリア |
| Sudán | スーダン |
| Ucrania | ウクライナ |
| Uganda | ウガンダ |

## Pájaros
### 鳥類

| Avestruz | ダチョウ |
|---|---|
| Águila | 鷲 |
| Cigüeña | コウノトリ |
| Cisne | 白鳥 |
| Cuco | カッコウ |
| Cuervo | カラス |
| Flamenco | フラミンゴ |
| Ganso | ガチョウ |
| Garza | サギ |
| Gaviota | カモメ |
| Gorrión | スズメ |
| Halcón | 鷹 |
| Huevo | 卵 |
| Loro | オウム |
| Paloma | 鳩 |
| Pato | アヒル |
| Pelícano | ペリカン |
| Pingüino | ペンギン |
| Pollo | チキン |
| Tucán | オオハシ |

## Plantas
### 植物

| Arbusto | ブッシュ |
|---|---|
| Árbol | 木 |
| Bambú | 竹 |
| Baya | ベリー |
| Bosque | 森 |
| Botánica | 植物学 |
| Cactus | サボテン |
| Fertilizante | 肥料 |
| Flor | 花 |
| Flora | フローラ |
| Follaje | 葉 |
| Frijol | 豆 |
| Hiedra | 蔦 |
| Hierba | 草 |
| Jardín | 庭 |
| Musgo | 苔 |
| Pétalo | 花弁 |
| Raíz | 根 |
| Sol | 太陽 |
| Vegetación | 植生 |

## Profesiones #1
### 職業 #1

| Abogado | 弁護士 |
|---|---|
| Astrónomo | 天文学者 |
| Atleta | アスリート |
| Bailarín | 踊り子 |
| Banquero | 銀行家 |
| Bombero | 消防士 |
| Cartógrafo | 地図製作者 |
| Cazador | ハンター |
| Doctor | 医者 |
| Editor | 編集者 |
| Embajador | 大使 |
| Enfermera | 看護婦 |
| Entrenador | コーチ |
| Fontanero | 配管工 |
| Geólogo | 地質学者 |
| Joyero | 宝石商 |
| Músico | 音楽家 |
| Pianista | ピアニスト |
| Psicólogo | 心理学者 |
| Veterinario | 獣医 |

## Profesiones #2
### 職業 #2

| | |
|---|---|
| Astronauta | 宇宙飛行士 |
| Bibliotecario | 司書 |
| Biólogo | 生物学者 |
| Cirujano | 外科医 |
| Dentista | 歯医者 |
| Detective | 探偵 |
| Filósofo | 哲学者 |
| Fotógrafo | 写真家 |
| Ilustrador | イラストレーター |
| Ingeniero | エンジニア |
| Inventor | 発明者 |
| Investigador | 研究者 |
| Jardinero | 庭師 |
| Lingüista | 言語学者 |
| Médico | 医師 |
| Periodista | ジャーナリスト |
| Piloto | パイロット |
| Pintor | 画家 |
| Profesor | 先生 |
| Zoólogo | 動物学者 |

## Psicología
### 心理学

| | |
|---|---|
| Clínico | 臨床 |
| Cognición | 認知 |
| Comportamiento | 行動 |
| Conflicto | 対立 |
| Ego | 自我 |
| Emociones | 感情 |
| Evaluación | 評価 |
| Experiencias | 経験 |
| Ideas | アイデア |
| Inconsciente | 無意識 |
| Infancia | 子供の頃 |
| Influencias | 影響 |
| Pensamientos | 思考 |
| Percepción | 知覚 |
| Problema | 問題 |
| Realidad | 現実 |
| Recuerdos | 思い出 |
| Sensación | 感覚 |
| Sueños | 夢 |
| Terapia | 治療 |

## Química
### 化学

| | |
|---|---|
| Alcalino | アルカリ性 |
| Ácido | 酸 |
| Calor | 熱 |
| Carbono | 炭素 |
| Catalizador | 触媒 |
| Cloro | 塩素 |
| Electrón | 電子 |
| Enzima | 酵素 |
| Gas | ガス |
| Hidrógeno | 水素 |
| Ion | イオン |
| Líquido | 液体 |
| Metales | 金属 |
| Molécula | 分子 |
| Nuclear | 核 |
| Oxígeno | 酸素 |
| Peso | 重さ |
| Reacción | 反応 |
| Sal | 塩 |
| Temperatura | 温度 |

## Restaurante #2
### レストラン #2

| | |
|---|---|
| Agua | 水 |
| Almuerzo | ランチ |
| Aperitivo | 前菜 |
| Bebida | 飲料 |
| Camarero | ウェイター |
| Cena | 夕食 |
| Cuchara | スプーン |
| Delicioso | 美味しい |
| Ensalada | サラダ |
| Especias | スパイス |
| Fruta | フルーツ |
| Hielo | 氷 |
| Huevos | 卵 |
| Pastel | ケーキ |
| Pescado | 魚 |
| Sal | 塩 |
| Silla | 椅子 |
| Sopa | スープ |
| Tenedor | フォーク |
| Verduras | 野菜 |

## Ropa
### 洋服

| | |
|---|---|
| Abrigo | コート |
| Blusa | ブラウス |
| Bufanda | スカーフ |
| Camisa | シャツ |
| Chaqueta | ジャケット |
| Cinturón | ベルト |
| Collar | ネックレス |
| Delantal | エプロン |
| Falda | スカート |
| Guantes | 手袋 |
| Joyas | ジュエリー |
| Moda | ファッション |
| Pantalones | パンツ |
| Pijama | パジャマ |
| Pulsera | ブレスレット |
| Sandalias | サンダル |
| Sombrero | 帽子 |
| Suéter | セーター |
| Vestido | ドレス |
| Zapato | 靴 |

## Salud y Bienestar #1
### ヘルス＆ウェルネス #1

| | |
|---|---|
| Activo | アクティブ |
| Altura | 高さ |
| Bacterias | 細菌 |
| Clínica | 診療所 |
| Doctor | 医者 |
| Farmacia | 薬局 |
| Fractura | 骨折 |
| Hambre | 飢餓 |
| Hábito | 習慣 |
| Hormonas | ホルモン |
| Huesos | 骨 |
| Medicina | 薬 |
| Músculos | 筋肉 |
| Nervios | 神経 |
| Piel | 肌 |
| Postura | 姿勢 |
| Reflejo | 反射 |
| Relajación | リラクゼーション |
| Terapia | 治療 |
| Virus | ウイルス |

## Salud y Bienestar #2
### ヘルス＆ウェルネス #2

| | |
|---|---|
| Alergia | アレルギー |
| Anatomía | 解剖学 |
| Apetito | 食欲 |
| Caloría | カロリー |
| Dieta | ダイエット |
| Digestión | 消化 |
| Energía | エネルギー |
| Enfermedad | 病気 |
| Estrés | ストレス |
| Genética | 遺伝学 |
| Higiene | 衛生 |
| Hospital | 病院 |
| Infección | 感染 |
| Masaje | マッサージ |
| Nutrición | 栄養 |
| Peso | 重さ |
| Recuperación | 回復 |
| Saludable | 元気 |
| Sangre | 血 |
| Vitamina | ビタミン |

## Selva Tropical
### レインフォレスト

| | |
|---|---|
| Anfibios | 両生類 |
| Botánico | 植物 |
| Clima | 気候 |
| Comunidad | コミュニティ |
| Diversidad | 多様性 |
| Especie | 種 |
| Indígena | 先住民族 |
| Insectos | 虫 |
| Mamíferos | 哺乳類 |
| Musgo | 苔 |
| Naturaleza | 自然 |
| Nubes | 雲 |
| Pájaros | 鳥 |
| Preservación | 保存 |
| Refugio | 避難 |
| Respeto | 尊敬 |
| Restauración | 復元 |
| Selva | ジャングル |
| Supervivencia | 生存 |
| Valioso | 貴重 |

## Senderismo
### ハイキング

| | |
|---|---|
| Acantilado | 崖 |
| Agua | 水 |
| Animales | 動物 |
| Botas | ブーツ |
| Camping | キャンプ |
| Cansado | 疲れた |
| Clima | 気候 |
| Cumbre | サミット |
| Guías | ガイド |
| Mapa | 地図 |
| Montaña | 山 |
| Mosquitos | 蚊 |
| Naturaleza | 自然 |
| Orientación | オリエンテーション |
| Parques | 公園 |
| Pesado | 重い |
| Piedras | 石 |
| Preparación | 準備 |
| Salvaje | 野生 |
| Sol | 太陽 |

## Suministros de Arte
### アートサプライ

| | |
|---|---|
| Aceite | 油 |
| Acrílico | アクリル |
| Acuarelas | 水彩画 |
| Agua | 水 |
| Arcilla | 粘土 |
| Borrador | 消しゴム |
| Caballete | イーゼル |
| Cámara | カメラ |
| Cepillos | ブラシ |
| Colores | 色 |
| Creatividad | 創造性 |
| Ideas | アイデア |
| Lápices | 鉛筆 |
| Mesa | テーブル |
| Papel | 紙 |
| Pasteles | パステル |
| Pegamento | のり |
| Pinturas | 塗料 |
| Silla | 椅子 |
| Tinta | インク |

## Tiempo
### 時間

| | |
|---|---|
| Ahora | 今 |
| Antes | 前 |
| Anual | 通年 |
| Año | 午 |
| Ayer | 昨日 |
| Calendario | カレンダー |
| Década | 十年 |
| Día | 日 |
| Futuro | 未来 |
| Hora | 時間 |
| Hoy | 今日 |
| Mañana | 朝 |
| Mediodía | 昼 |
| Mes | 月 |
| Minuto | 分 |
| Momento | 一瞬 |
| Noche | 夜 |
| Reloj | 時計 |
| Semana | 週 |
| Siglo | 世紀 |

## Tipos de Cabello
### ヘアタイプ

| | |
|---|---|
| Blanco | 白い |
| Brillante | シャイニー |
| Cabelludo | 頭皮 |
| Calvo | 禿 |
| Coloreado | 有色 |
| Corto | 短い |
| Delgada | 薄い |
| Gris | グレー |
| Grueso | 厚い |
| Marrón | 茶色 |
| Negro | ブラック |
| Plata | 銀 |
| Rizado | カーリー |
| Rizos | カール |
| Rubio | ブロンド |
| Saludable | 元気 |
| Seco | ドライ |
| Suave | ソフト |
| Trenzado | 編組 |
| Trenzas | 三つ編み |

## Universo
宇宙

| | |
|---|---|
| Asteroide | 小惑星 |
| Astronomía | 天文学 |
| Astrónomo | 天文学者 |
| Atmósfera | 雰囲気 |
| Celestial | 天体 |
| Cielo | 空 |
| Cósmico | コズミック |
| Ecuador | 赤道 |
| Galaxia | 銀河 |
| Hemisferio | 半球 |
| Horizonte | 地平線 |
| Latitud | 緯度 |
| Longitud | 経度 |
| Luna | 月 |
| Oscuridad | 闇 |
| Órbita | 軌道 |
| Solar | 太陽 |
| Solsticio | 至点 |
| Telescopio | 望遠鏡 |
| Visible | 目に見える |

## Vacaciones #2
バケーション #2

| | |
|---|---|
| Aeropuerto | 空港 |
| Carpa | テント |
| Destino | 行き先 |
| Extranjero | 外国人 |
| Fotos | 写真 |
| Hotel | ホテル |
| Isla | 島 |
| Mapa | 地図 |
| Mar | 海 |
| Ocio | レジャー |
| Pasaporte | パスポート |
| Playa | ビーチ |
| Reservas | 予約 |
| Restaurante | レストラン |
| Taxi | タクシー |
| Transporte | 交通 |
| Tren | 列車 |
| Vacaciones | 休日 |
| Viaje | 旅 |
| Visa | ビザ |

## Vehículos
車両

| | |
|---|---|
| Ambulancia | 救急車 |
| Autobús | バス |
| Avión | 飛行機 |
| Balsa | いかだ |
| Barco | ボート |
| Bicicleta | 自転車 |
| Camión | トラック |
| Caravana | キャラバン |
| Coche | 車 |
| Cohete | ロケット |
| Ferry | フェリー |
| Helicóptero | ヘリコプター |
| Lanzadera | シャトル |
| Metro | 地下鉄 |
| Motor | モーター |
| Neumáticos | タイヤ |
| Submarino | 潜水艦 |
| Taxi | タクシー |
| Tractor | トラクター |
| Tren | 列車 |

## Verduras
野菜

| | |
|---|---|
| Ajo | ニンニク |
| Alcachofa | アーティチョーク |
| Apio | セロリ |
| Berenjena | 茄子 |
| Brócoli | ブロッコリー |
| Calabaza | かぼちゃ |
| Cebolla | 玉葱 |
| Ensalada | サラダ |
| Espinacas | ほうれん草 |
| Guisante | エンドウ |
| Jengibre | ショウガ |
| Nabo | カブ |
| Oliva | オリーブ |
| Patata | じゃがいも |
| Pepino | キュウリ |
| Perejil | パセリ |
| Rábano | だいこん |
| Seta | キノコ |
| Tomate | トマト |
| Zanahoria | にんじん |

# Enhorabuena

**Lo has conseguido!**

Esperamos que hayas disfrutado de este libro tanto como nosotros al diseñarlo. Nos esforzamos por crear libros de la máxima calidad posible.
Esta edición está diseñada para proporcionar un aprendizaje inteligente, de calidad y divertido!

¿Te ha gustado este libro?

-------

## Una Petición Sencilla

Estos libros existen gracias a las reseñas que se publican.
¿Podrías ayudarnos dejando una reseña ahora?
Aquí tienes un breve enlace a la página de reseñas

BestBooksActivity.com/Opiniones50

# ¡DESAFÍO FINAL!

## Reto n°1

¿Estás listo para tu juego gratis? Los utilizamos siempre, pero no son tan fáciles de encontrar. ¡Aquí están los **Sinónimos**!

Escribe 5 palabras que hayas encontrado en los rompecabezas (#21, #36, #76) y trata de encontrar 2 sinónimos para cada palabra.

### Escriba 5 palabras del **Puzzle 21**

| Palabras | Sinónimo 1 | Sinónimo 2 |
| --- | --- | --- |
|  |  |  |
|  |  |  |
|  |  |  |
|  |  |  |
|  |  |  |

### Escriba 5 palabras del **Puzzle 36**

| Palabras | Sinónimo 1 | Sinónimo 2 |
| --- | --- | --- |
|  |  |  |
|  |  |  |
|  |  |  |
|  |  |  |
|  |  |  |

### Escriba 5 palabras del **Puzzle 76**

| Palabras | Sinónimo 1 | Sinónimo 2 |
| --- | --- | --- |
|  |  |  |
|  |  |  |
|  |  |  |
|  |  |  |
|  |  |  |

# Reto n°2

Ahora que te has calentado, escribe 5 palabras que hayas encontrado en los Puzzles 9, 17 y 25 e intenta encontrar 2 antónimos para cada palabra. ¿Cuántos puedes encontrar en 20 minutos?

*Escriba 5 palabras del* **Puzzle 9**

| Palabras | Antónimo 1 | Antónimo 2 |
|---|---|---|
| | | |
| | | |
| | | |
| | | |
| | | |

*Escriba 5 palabras del* **Puzzle 17**

| Palabras | Antónimo 1 | Antónimo 2 |
|---|---|---|
| | | |
| | | |
| | | |
| | | |
| | | |

*Escriba 5 palabras del* **Puzzle 25**

| Palabras | Antónimo 1 | Antónimo 2 |
|---|---|---|
| | | |
| | | |
| | | |
| | | |
| | | |

# Reto n°3

¡Genial! Este desafío final no es nada para ti.

¿Preparado para el reto final? Elige 10 palabras que hayas descubierto en los diferentes rompecabezas y escríbelas a continuación.

| | |
|---|---|
| 1. | 6. |
| 2. | 7. |
| 3. | 8. |
| 4. | 9. |
| 5. | 10. |

Ahora escribe un texto pensando en una persona, un animal o un lugar que te guste.

*Puedes usar la última página de este libro como borrador.*

## Tu Composición:

# CUADERNO DE NOTAS :

# HASTA PRONTO !

*Todo el Equipo*

# DESCUBRA
# JUEGOS
# GRATIS

## GO

↓

**BESTACTIVITYBOOKS.COM/FREEGAMES**

www.ingramcontent.com/pod-product-compliance
Lightning Source LLC
Chambersburg PA
CBHW081705120626
46550CB00010B/3018